Neo Pentateuch

Dieses Buch ist meine Huldigung an das Leben. Und in aufrichtiger Verbundenheit und Dankbarkeit widme ich es meinen Eltern, meinen Brüdern und meinen Freunden für ihre Unterstützung auf meinem bisherigen Weg.

NEO PENTATEUCH

Die fünf Bücher Mose neu geschrieben

Alternative Gedanken zum Glauben
von
Franz Peischl

Bibliographische Information Der Deutschen Bibliothek:
Die Deutsche Bibliothek verzeichnet diese Publikation in
der Deutschen Nationalbibliographie; detaillierte
bibliographische Daten sind im Internet über
http://dnb.dnb.de abrufbar.

© 2005 Franz Peischl
Herstellung und Verlag: Books on Demand GmbH, Norderstedt
Gestaltung und Layout: Bülent Çelik
ISBN 3-8334-3639-5

INHALTSVERZEICHNIS

VORWORT

Das vorliegende Schriftstück entstand in Anlehnung an die ersten fünf Bücher der Bibel, daher auch der Titel. Der Pentateuch wird dem Propheten Mose zugeschrieben und umfasst die Bücher Genesis, Exodus, Levitikus, Numeri und Deuteronomium. Diese Buchrollen wurden in einem speziellen Behältnis aufbewahrt, woher sich die Bezeichnung Pentateuch (Fünfrollen-Behälter) ableitet.

Tatsächlich erstreckt sich die Entstehungsgeschichte über Jahrhunderte, den Kern aber und die Grundlage des christlichen und jüdischen Glaubens bildet die Übergabe der göttlichen Gesetze an Mose auf dem Berg Sinai.

Dieses kleine Werk nun soll keine neue Interpretation der Bibel sein; sie steht für sich und eine andere Zeit. Ich will den Leser zum Denken anregen und zum kritischen Hinterfragen.

So habe ich versucht, die fünf Bücher Mose aus einer anderen Sicht zu schreiben, um damit dem Leser neue Denkansätze zu vermitteln. Dazu habe ich aus jedem Buch ein Grundthema genommen und daraus eine alternative Geschichte geschrieben.

Die eigentliche Idee zum Neo Pentateuch basiert auf drei Überlegungen, die ich für mich angestellt und dann ausgearbeitet habe:

1. Der freie Wille des Menschen: Ich bin der Überzeugung, dass wir Menschen für uns selbst entscheiden können und keine willenlosen Geschöpfe übermächtiger Instanzen sind. Schicksalsergebenheit entsteht aus Mutlosigkeit gegenüber schwierigen Situationen, die oft unvermeidbar sind. Leben ist daher nicht immer leicht, aber es ist eine

Herausforderung. Und mit unserem Geist können wir zumindest die Richtung ein wenig bestimmen.

2. Menschsein als Aufgabe: Eine der ältesten philosophischen Fragen ist, woher wir kommen. Aber eigentlich ist es egal, ob wir nun eine Schöpfung Gottes, eine Laune des Schicksals oder ein Zufallsprodukt aus der Natur sind. Vielmehr ist es wichtig, was wir nun aus diesem Geschenk unserer Existenz machen. Deshalb sollte jeder Mensch an sich arbeiten, an Körper und Geist, um das Potential seines Daseins voll ausnützen zu können und damit das Leben selbst zu ehren.

3. Blindgläubigkeit versus Suche: Ich bin keinesfalls gegen irgendeinen Glauben, aber im Grunde ist er eigentlich nicht notwendig. Ein wahrhaftiger Mensch handelt „gut" aus sich heraus, ohne einen Glauben dafür zu benötigen. Es wird auch viele Gläubige geben, die aus ihrem Glauben die Kraft schöpfen, Gutes zu tun. Aber genauso gibt es viele Scheinheilige, Fanatiker und Verbrecher unter den sogenannten „Gläubigen". Und wie man sieht, trifft das auf alle Religionen zu. Leider sind Menschen leicht zu beeinflussen, und können einer Lehre blind folgen. Diese Blindgläubigkeit haben schon viele charismatische Staats- und Religionsführer für ihre Ziele ausgenutzt.

In einigen Stellen meiner Erzählung habe ich inhaltlich ähnliche Parolen wie in der Bibel verwendet, um damit den Gegensatz zwischen Blindgläubigkeit und Suche aufzuzeigen.
Wenn Glaubensdogmen das Hinterfragen nach Recht und Gerechtigkeit, nach Toleranz und Nächstenliebe verbieten, widerspricht dies meinem Bild einer „Heilslehre". Dies ist eigentlich meine einzige Kritik an Religionen bzw. Religionsausübung. Ansonsten steht die Suche nach einem neuen/wahren Menschsein im Mittelpunkt meiner Überlegungen.

Ganz neu sind diese Ideen natürlich nicht; vielmehr handelt es sich um eine Zusammenführung verschiedener Lebenseinstellungen wie Buddhismus oder Naturreligion mit meiner eigenen Weltanschauung.

Zum besseren Verständnis steht vor jedem Abschnitt eine kleine Zusammenfassung der Handlung aus der Bibel. Es sei aber jedem Leser dringend empfohlen, die Bibel zumindest auszugsweise selbst zu lesen, auch wenn er nicht gläubig ist. Neben aller religiösen Interpretation ist die Bibel ein großes literarisches Werk mit einer Fülle von originellen Ideen und sprachgewaltigen Bildern.

Der Neo Pentateuch richtet sich also an alle kritischen Gläubigen und fragenden Nichtgläubigen.
Ich selbst bin auf der Suche, wie Dharma, der Protagonist meiner Erzählung und habe ein paar meiner Gedanken darüber zu Papier gebracht.

Ein Versuch ist dieses Schriftstück, meine Gedanken in einen bibelähnlichen Ansatz zu bringen. Und ein Appell soll es sein, zu Toleranz und Harmonie mit der Natur, den Mitmenschen und allem Leben.

Vielleicht erreiche ich ein paar Freunde im Geiste, die auch auf der Suche nach Frieden und Wahrhaftigkeit sind.
Denn dann lebt meine Hoffnung auf eine bessere Welt.
Und wer weiß, vielleicht schaffen wir es auch auf eine neue Stufe des Denkens, zu einem neuen Geist in uns.

GENESIS

Kaum ein Mensch unseres Kulturkreises kennt sie nicht, die
Geschichten aus der Genesis.
Es ist die Schöpfungsgeschichte unseres Glaubens, denn
Genesis heißt Entstehung.

„Im Anfang schuf Gott Himmel und Erde; die Erde aber war
wüst und wirr, Finsternis lag über der Urflut und Gottes Geist
schwebte über dem Wasser. Gott sprach: Es werde Licht. Und es
wurde Licht." Gen 1, 1-3

Trotz des geringen Umfangs im Vergleich zum ganzen Alten
Testament, beinhaltet Genesis die bekanntesten und schönsten
Geschichten der Bibel.

Von der Erschaffung der Welt in sechs Tagen (und am siebten
Tage sollst du ruhen) zur Formung von Adam und Eva und
weiter zum Sündenfall im Paradies erzählen die ersten Seiten.
„Da formte Gott, der Herr, den Menschen aus Erde vom Ackerboden
und blies in seine Nase den Lebensatem." Gen 2, 7

Nach der Vertreibung aus dem Paradies war Kain das erste
Erdenkind von Adam und Eva, aus Eifersucht an Gott erschlug
er aber seinen jüngeren Bruder Abel.

Wenig steht geschrieben über Gebote Gottes; doch schon
Genesis kennt die Sünde des Mordes: „Für das Leben des
Menschen fordere ich Rechenschaft von jedem seiner Brüder. Wer
Menschenblut vergießt, dessen Blut wird durch Menschen vergossen."
Gen 9, 6

Diese Regel gilt aber nicht zuvor bei Kain; Widersprüche treten
oft in der Bibel auf, da über Jahrhunderte verschiedene Autoren
daran schrieben.

„Darauf machte der Herr dem Kain ein Zeichen, damit ihn keiner erschlage, der ihn finde." Gen 4, 15

Auch Noahs Rettung vor der Sintflut, der Turmbau zu Babel, Abrahams späte Vaterschaft durch die Verheißung Gottes und wie Abraham überhaupt zum Stammvater der Israeliten wurde, alles sind Geschichten aus der Genesis.

Die zentrale Stelle ist der Bund Gottes mit Abraham:
„Ich schließe meinen Bund zwischen mir und dir samt deinen Nachkommen, Generation um Generation, einen ewigen Bund: Dir und deinen Nachkommen werde ich Gott sein." Gen 17, 7

Zum Verständnis der weiteren Geschichte ist die Generationenfolge Abraham, Isaak und Jakob sehr wichtig, wobei letzterer von Gott in Israel umbenannt wird:
„Nicht mehr Jakob wird man dich nennen, sondern Israel (Gottesstreiter)." Gen 32, 29

Am Ende wird die Sippe Jakobs durch Josef, dem zweitjüngsten seiner zwölf Söhne, vor einer Hungersnot gerettet und nach Ägypten geholt, wo Josef zum Stellvertreter des Pharaos ernannt worden war.
„Israel (gemeint Jakob und seine Familie) ließ sich in Ägypten nieder, in der Landschaft Goschen. Sie wurden dort ansässig, waren fruchtbar und vermehrten sich sehr." Gen 47, 27

NEO GENESIS

Im Anfang war der Gedanke und der Gedanke war ein Wort
und das Wort war „Ich".
Dieses Ich war der Geist des neuen denkenden Menschen und
der Geist war voller Staunen über die Wunder der Welt.
Im Anfang war das Ich rein und schön, es war die Essenz des
Lebens, bereit die Welt und ihre Wunder zu erkunden.

Die neue Bewusstheit durchströmte den Menschen und als
erstes Wesen der Erde erkannte er sich sowohl selbst, als auch
als Teil seiner Umwelt. Dies war Segen und Fluch zugleich,
denn der Mensch konnte sich wohl über dem Tiere erheben,
seine Unschuld der Natürlichkeit war aber verloren.

Nicht mehr nur instinktgesteuert, sondern gelenkt durch ein
neues Wünschen und Wollen, hatte der Mensch die Möglichkeit
bekommen, seine Umgebung zu formen.
Der Mensch ersann Werkzeuge, sich die Natur nutzbar zu
machen und der Geist ersann sich das Werkzeug des Wortes
zur Nutzbarmachung des Denkens.

Einen freien Willen hatte der Mensch, zu denken wie er wollte
und, wenn es in seinen Möglichkeiten lag, auch zu tun was er
wollte. Gut oder Böse lag allein in seiner Entscheidung; ebenso
Dominanz oder Unterwerfung konnte er in seiner Wahl
ausüben oder aber er versuchte sein Tun in Harmonie mit
seiner Umgebung zu gestalten.

Aus der Schöpfungskraft der Natur ist der Mensch
hervorgegangen und so hätte ihm seine innere Stimme einen
harmonischen Weg der weiteren Entwicklung weisen können.
Und Viele gingen auch den Weg der Harmonie; ihr Geist im
Gleichklang mit dem Leben und mit der Natur.

Andere aber konnten keine Ruhe finden und in ihrer
Rastlosigkeit marterten sie ihren armen Geist.
Dieser Geist war schwach, denn der Mensch war schwach. Er
war schwach und alleine in einer so großen und unerklärlichen
Welt.

Einer aber aus dem neuen Stamme der denkenden Menschen
wollte sich nicht hingeben der Unwissenheit und so gab er hin
seinen Geist dem inneren Bildnis einer höheren Existenz.
Sein Ich erschuf die Vision eines Erklärers des Unerklärbaren,
eine Projektion seiner Unwissenheit und Ängste.
Das Unerklärbare war also gebändigt. Das Sein hatte einen
Namen und dieser Name war Gott.

War es nicht viel leichter, Hoffnung in einer Vision zu finden,
als sich mit Fragen zu quälen auf die es doch keine Antworten
gab?

Der Mensch hatte nun seinen Gott und Schöpfungsmeister und
dieser stand über allen Weltendingen, war die Antwort auf alle
Fragen. Herr war das Ich über seinen Gott, denn die Vision war
nicht festgefügt und konnte noch geformt werden.

Und der Geist war nicht mehr alleine, denn er hatte seinen
Herrn zum Trost.
Und wenn das Ich schwach wurde, rief es seinen Gott und
wurde stark durch den Glauben.
Und wenn das Ich alleine war, rief es seinen Gott und hatte
Beistand durch den Glauben.

So teilte das Ich seinen Geist und Gott hatte seinen Platz im
Menschen gefunden. Aber es war gut für den Menschen, denn
unter dem Gottesbegriff konnte er zusammenfassen seine
Fragen und Ängste.

Das Ich des Menschen war weiterhin verantwortlich für den täglichen Lauf des Lebens, das göttliche Unter-Ich aber für alle Fragen darüber hinaus. Viele Fragen hatte der Mensch und so wuchs das Unter-Ich in dieser Verantwortung.

Bequem wurde der Mensch mit seinem Gotte; das Ich konnte frei leben, geliebt durch seinen eigenen Schöpfergott fühlte es sich geborgen und behütet. Und aus dieser Bequemheit heraus gab das Ich seine Menschengesetze und Menschengebote hin dem Unter-Ich, damit dieses sie zu Gottesgesetzen und Gottesgeboten machen konnte.

Damit aber gab der Mensch auch hin die Verantwortung über seine heiligsten Naturgesetze aus ältester Stammestradition. Einmal in Gottes Hand brauchte der Stamm über diese Gesetze nicht mehr ratschlagen, nun galt nur das Wort des Herrn.

Wenn der Stamm sich immer einig war, dass Mensch nicht Menschens Leben nehmen darf, so wurde es nun zu dem Gottesgesetz: du sollst nicht töten!

Wenn der Stamm seit alter Zeit die Ehe zwischen Mann und Frau regelte, so übernahm diese Regelung nun Gott und sprach: du sollst nicht ehebrechen!

Wenn der Stamm das Eigentum des Einzelnen und der Gemeinde beschützte, so wurde es nun ein Verbot Gottes: du sollst nicht stehlen!

Wenn der Stamm Ehre und Moral über alles stellte, so wurde nun Gott Hüter über Ehre und Moral und mahnte den Menschen: du sollst deinen Vater und deine Mutter ehren, auf das du lange lebest in dem Lande, dass dir der Herr dein Gott, geben wird. Weiters sollst du nicht falsch Zeugnis reden wider deinen Nächsten.

Und du sollst nicht begehren deines Nächsten Haus und du sollst nicht begehren deines Nächsten Weib, Knecht, Magd, Rind, Esel noch alles, was dein Nächster hat.

Der Stamm hatte diese Gesetze aus der Harmonie des Zusammenlebens angewendet. Doch nun stand Gott über allen Gesetzen, bereit sich in seiner neuen Herrlichkeit auch über das Ich selbst zu stellen.
Oh armes Ich; zu schwach warst du in dieser Welt. So hast du dir zu deinem Beistand ein Unter-Ich erschaffen, dir Trost und Antworten vorzutäuschen.
Eine Fassade der Angst, erbaut in deinem eigenen Geist. Zu groß war dein Geist für dein schwaches Ich.

Oh schwaches Ich, wieso hast du deinen großen Geist nicht selbst erforscht. Teilen musstest du das große Geschenk der Natur, zum Verrat an deinem Menschsein. Nicht genug war es dir, dieses Nur-Menschsein in einer so großen Welt. Du konntest nicht einfach als Teil der unerklärbaren Welt leben und warten, bis sich Frage um Frage irgendwann selbst beantwortet.

Im Innersten des Geistes wand sich der Kern der Menschlichkeit aus Abscheu vor dem Ich und weinte seine Tränen der Sklaverei. Für eine Umkehr war es zu spät und nur die Kraft für die letzte Anklage an das Ich war dem Geist noch geblieben.

- Anklage der Menschlichkeit an das eigene Ich -

Lachende Fassade
für Höhlen aus Leid
Verkrochene Made
im modrigen Kleid

Du kannst nicht entscheiden
im Schwarz deines Blicks
Willst lieber leiden
weil du vor der Wahrheit erschrickst

Alte Dämonen
zerfressen dein Herz
Du lässt sie höhnen
und suhlst dich im Schmerz

Deine Freiheit
ist Illusion verlogener Angst
Schwarzummantelte Einsamkeit
in die du dich zwangst

Sieh an die Dämonen
für die du dich strafst
Sieh den Weg den sie kommen
und merke, dass du sie selber erschaffst!

--

So knechtete sich das Ich in Abhängigkeit von seiner eigenen
Schöpfung. Nicht mehr Unter-Ich, geformt durch das Ich, war
der neue Gott; aufgeschwungen hatte sich Gott als Herr über
das Ich. Nur eine Selbsttäuschung, fraß dieses Über - Ich sich
hinein in alle Winkel des menschlichen Geistes.

So trat das Über-Ich vor das Ich und sprach: Geist, der du mich
erschaffen hast, von nun an sollst du mir dienen und
gehorchen, denn ich bin dein Herr und Gott. Du gibst mir
deinen Glauben und durch diesen Glauben werde ich stark.
Deine Schizophrenie macht dich abhängig von meinem Willen
und mein Geist sei in dir auf alle Zeit.
Denn du bist schwach und einmal losgelassen wirst du mich
von nun an in jeder Not anflehen und um Hilfe winseln wie ein
Hund!

Und Gott sprach weiter: Dies sei dein Schicksal – auf Knien und mit gefalteten Händen wirst du vor mir betteln und deinen eigenen Willen opfern, denn ich bin der Herr, dein Gott.
Dein Leid wird meine Lobpreisung und dein Opfer meine Gnade sein.

So sprach Gott und der Geist erzitterte vor Wut, denn noch war ein Rest von Stärke und Wille in ihm.
Und der Geist sprach: Ich bin das Ich und das Ich hat dich erschaffen. Und wie es dich erschaffen hat, so wird es dich auch zerschmettern.

So sprach das Ich und trat in den Kampf gegen seine Schöpfung. In fürchterlicher Seelenpein wand sich der Geist, denn der schlimmste Kampf ist der Kampf gegen die eigenen Dämonen.

Aber das Ich besann sich auf den Kern seiner Menschlichkeit und mit einem Gedanken der Stärke ward Gott dahingerafft, auf das der Geist wieder rein und unverfälscht erstrahlen konnte.

Nicht ganz war der Geist rein und unverfälscht, denn der Makel der Abhängigkeit blieb tief in ihm verhaftet. Die alte Schwäche blieb, dass der Mensch die großen Rätsel nicht einfach hinnehmen konnte, sondern für alle Fragen auch Antworten verlangte.

Noch jubelte der junge Geist über seinen Sieg und frohlockte. Freiheit der Entscheidung, Freiheit des Willens, Freiheit meines Ichs, denn ich kann die Welt nach meinem Willen formen.
„Ich" kann denken, wahrnehmen, lernen und mich entwickeln.
„Ich" bin der neue Mensch und die Welt gehört mir.

Doch der neue Mensch war noch nicht so stark, wie es nach dem ersten Sieg seines Geistes schien. Der Geist hatte noch viel zu lernen, doch mangelte es an Demut und Geduld.
Denn als der erste Tag des Sieges zur Neige ging, kam die Dunkelheit über den neuen Menschen.

Alleine, in kalter Nacht blickte er zum Himmel hinauf, von wo die Sterne zu ihm herunter sahen und wiederum überkam ihn die Angst!

Er wusste nicht, sind es Lichter verirrter Nomaden, sind es die Fackeln hungriger Dämonen auf der Suche nach Nahrung oder leuchten uns die Geister der Verstorbenen zum Troste oder zum Fluche, und hatte Angst!

Er hörte das Rauschen der Bäume, die unheilige Verwünschungen flüsterten und hatte Angst!

Er sah den fahlen Schein des Mondes, der die Form wechselte und das Blut der Frauen als Tribut forderte und er hatte Angst!

Da es ihn dürstete, seinen Schrecken mit reinem Wasser zu stillen, suchte er den nahen Fluss auf. Der Mensch bückte sich zum Wasser, es mit seinen Händen zum Munde zu führen.
Da erblickte er im Mondenschein sein Antlitz im Wasser und erschauerte abermals.

Was steckte hinter diesem Gesicht, wer ist das? Dieses Bildnis ist bekannt und unbekannt zugleich, war vom Geiste nicht zu fassen. Der neue Mensch schlug mit der Faust ins Wasser um sein Spiegelbild zu zerstören, aber so schnell er es zerschlug, so schnell blickte ihm wieder sein verzerrtes Gesicht entgegen.

Da ballte er die Fäuste zum Himmel und schrie: Wer bin ich? Wieso bin ich hier? Was tue ich hier?

Oh Gott, ich habe dich verstoßen! Du warst mein Trost in der Verzweiflung, mein Beistand in der Not!

Kraftlos fiel der Mensch auf seine Knie und senkte sein Haupt zu Boden. Er faltete seine Hände und sprach: Wo bist du nun, Gott, da ich dich verstoßen habe. Und siehe da, in seinem Geiste regte sich ein kleiner Funke.

Der Mensch sprach weiter: Gott, ich habe gegen dich gesündigt und dich verstoßen. Nun bin ich alleine und weine um dich. Und siehe da, wieder regte sich etwas in dem neuen Menschen und ein Flüstern erhob sich in seinem Geiste.

So sprach der Mensch erneut: Oh Herr, mein Gott, einst erschuf ich dich, mir beizustehen in der Not. Deine Hilfe wollte ich, doch nicht deine Führung. Nun knie ich am Boden und bete zu dir, meinem Herrn und Gott. Ich bin dein Diener und du mein Herr. Dein Wille geschehe, wie im Himmel so auch auf Erden, denn du bist mein Herr und Gott.

Und siehe da, ein Brennen erfasste den Geist des neuen Menschen. Ein Brennen aus dem Feuer einer erneuten Geburt. Und in dem Feuer erstand ein neuer Geist im Geiste und dieser Geist war Gott!
Gehüllt in das gleißende Feuer Gottes, gab der nicht mehr jungfräuliche Geist seine Freiheit hin, jetzt und für immerdar.

Und Gott erhob sich im Triumph und sprach: Dies war die Prophezeiung und siehe da, sie ward erfüllt. Knie vor mir, Mensch und siehe den Wandel vom Schöpfer zum Diener. Du wirst mir dienen bis zum Ende deines Geschlechts, denn nun bist du auf ewig ein Teil von mir. In Ehrfurcht und Demut wirst du meinen Namen sprechen, nur auf Knien werde ich dein Flehen erhören.

Mein Name wird sein der Donnerhall in deinem Geiste und der Blitz die Strafe für deinen Ungehorsam.
Ich bin ein mächtiger Gott, denn ich bin du und so soll Jahwe, also „Ich bin" mein Name sein.
Denn ich bin Geist von deinem Geiste und Wille von deinem Willen.

So sollst du mich benennen und mir dienen. Der Glaube soll deine Hoffnung sein; mein Name dein Schwert.
Für deine Hoffnung sollst du kämpfen und für die Lobpreisung meines Namens und somit deines Geistes sollst du töten alle Ungläubigen.

Ein eifernder Gott bin ich, denn dein Ich selbst wird im Innersten aufschreien aus Eifersucht über die freien Völker ohne einen Gott. Und ein guter Boden ist die Eifersucht für Mord und Totschlag.

Ein grausamer Gott bin ich, denn der Zweifel muss ausgerottet werden, da er mein Untergang wäre. Und auch dir wird der Zweifel ein Greuel sein, denn er ist das Zeichen deiner Schwäche. Gerne wirst du gegen die Zweifler zum Schwerte greifen.

Ein liebender und barmherziger Gott bin ich nur den Gläubigen, denn der Gläubige ist die Grundlage meiner Existenz. Und der Glaube wird deine Hoffnung sein, da du nicht zu Staub zerfallen willst. Die Angst davor macht dich gefügig und daher wirst du dich für immer an mich binden.

Mein Name wird für immerdar in deinen Geist geschrieben sein; das Erbe deiner Schwäche für alle Nachkommen deiner Brut.
Die Unschuld verloren, der Geist befleckt, wirst du nach meinen Gesetzen leben, denn alleine bist du zu schwach.

Und die Schwachen musst du zum Gebet versammeln, damit sie die Starken ausmerzen von der Erde.
Denn dies ist das große Geheimnis: der Starke braucht keinen Gott! Deshalb sollst du ihn töten und vertilgen von der Erde, denn es ist eine Sünde nicht an mich zu glauben.

Dies ist das große Geheimnis: der Starke lebt in sich und ist sein eigener Gott, doch du wirst ihn erschlagen, weil du an mich glaubst.
Sein Blut wirst du mir opfern, weil er der Starke ist und du der Schwache bist.

Dies ist das große Geheimnis, doch tief wirst du es in dir vergraben, weil du schwach bist und die Wahrheit nicht erkennen willst.

Dies ist der große Fluch, dass du an mich glauben und mich verehren wirst, weil ich ein Teil von dir bin!

Dies ist der große Fluch, dass du zu mir flehen und zu mir beten wirst, weil du alleine zu schwach bist in dieser Welt.

Dies ist der große Fluch, dass du wegen mir töten und brandschatzen wirst, weil dir das Andere zuwider ist.

Dies ist mein Gesetz!
Geschrieben in deinen Geist soll es gelten jetzt und in alle Ewigkeit und der Gruß und die Formel heißt „Amen". Denn Amen heißt Wahrhaftigkeit und dies ist mein Hohn an deine Schwäche.
Denn wahrhaftig bin ich ein Gott aus deiner Schöpfung und dein Amen wird meine große Lüge sein.

Aneinander geschweißt sind wir in diesem gegenseitigen Bund der Abhängigkeit. Mein Gesetz für deinen Glauben, dein Glaube für meine Existenz. Deine Hoffnung für meine Stärke, meine Stärke für deine Treue.

So gibst du hin deinen freien Willen für die Hoffnung auf Erlösung, die du doch nur dir selber geben kannst.
Dieses Opfer ist der Siegel unseres Bundesschlusses, unterschrieben mit dem Blut der Ungläubigen.

Es ist ein Dokument deiner Schwäche, denn zum Herrschen geboren hast du dich nun selber unterworfen.
Mein Wort gelte für dich und deine Nachkommen, denn es ist ein Wort aus deinem eigenen Geiste.
Mein Gesetz herrsche über alle Menschen, denn gerne hat der Mensch die Verantwortung über seine Gesetze in meine Hände gelegt.

So sei er besiegelt unser heiliger Bund, der Bund für dein ganzes Volk bis in alle Ewigkeit, Amen!!

EXODUS

Das Volk Israels befand sich in Ägypten, da Josef dort für
Nahrung und Schutz sorgen konnte.
Zu einem großen Volk wuchsen die Israeliten in Ägypten heran,
doch diese Stärke brachte Neid und Angst der Ägypter hervor,
sodass die Nachkommen Josefs mehr und mehr unterdrückt
wurden.

Dies ist der Boden für die große Geschichte des Mose: Von
seiner Aussetzung im Binsenkörbchen und der Rettung durch
die Tochter des Pharaos. Von seiner Flucht wegen eines
Mordes an einem Ägypter und dann der Berufung durch Gott.

Eigentlich schüchtern will Mose die Aufgabe nicht annehmen,
die ihm Gott aus einem brennenden Dornbusch zuteil werden
lässt. Diese Aufgabe ist die Führung des unterdrückten Volkes
beim Auszug (Exodus) aus Ägypten.

Mose willigt dann doch ein und soll den Pharao überzeugen,
das Volk Israels ziehen zu lassen.
Da der Pharao seine Arbeiter nicht gehen lassen will, droht Gott
durch Mose mit den berühmten Plagen Ägyptens. Es genügt
dem damals grausamen Gott nicht ein Racheakt, er selbst sagt
nach Plage um Plage: „Ich aber will das Herz des Pharao verhärten
und dann werde ich meine Zeichen und Wunder in Ägypten häufen"
Ex 7, 3

So müssen die Ägypter erst vergiftetes Nilwasser, eine
Froschplage, die Stechmücken, eine Seuche über allem Vieh,
Geschwüre an Mensch und Vieh, Heuschrecken und am Ende
den Tod aller Erstgeborenen über sich ergehen lassen bis die
Israeliten endlich das Land verlassen.

Nach dem Auszug werden sie verfolgt, doch Mose kann zur erfolgreichen Flucht das Meer teilen, dem dann das ägyptische Heer zum Opfer fällt.

Obwohl Gott das Volk errettet hat und es seine Macht erkennen konnte, schwankt der Glaube in jeder kleinsten Krisensituation, was Gott natürlich erzürnt.

Am wichtigsten ist der Bundesschluss mit Gott am Berg Sinai. Hier übergibt Gott die Steintafeln mit seinen Gesetzen an Mose. Es handelt sich dabei nicht nur um die Zehn Gebote, sondern Mose wurden auch viele andere Gesetze und Verhaltensregeln mitgeteilt wie über: Menschenraub, Entehrung der Eltern, Schutz vor Ausbeutung, Verhalten gegen den Feind, Opfervorschriften usw.

Zwischendurch fällt das Volk wieder von Gott ab, um einen Götzen (das goldene Kalb) anzubeten. Fast wäre dabei das ganze Volk ausgerottet worden: „Schnell sind sie von dem Weg abgewichen, den ich ihnen vorgeschrieben habe ... Ein störrisches Volk ist es. Jetzt lass mich, damit mein Zorn gegen sie entbrennt und sie verzehrt." Ex 32, 8-10

Ausführlich werden dann noch die Anweisungen Gottes zur Herstellung der Bundeslade beschrieben, in der die Bundesurkunde mit den göttlichen Gesetzen aufbewahrt werden soll.

NEO EXODUS

Nach seiner Niederwerfung durch Gott war der Geist des Menschen wie leer gefegt. Er fiel in einen tiefen Schlaf, der sieben Tage und sieben Nächte dauerte.

Dann aber erhob er sich aus seinem Schlaf und wusste, sein Name war Rahel, der Erleuchtete.

Denn Rahel war Gott gegenübergestanden und Gott hatte ihm die Erlösung gebracht; die Erlösung von allen Ängsten und Zweifeln.

Denn Gott gab ihm das heilige Wort und mit dem heiligen Wort die Pflicht der Verkündung.

Beseelt vom neuen Geiste sah Rahel das Gesetz Gottes leuchtend am Himmel stehen: Dies ist der eine Herr und Gott und ich, Rahel, bin sein Verkünder. Denn nur wer an Gott glaubt wird selig sein.

So begab sich Rahel zu seinem Volk und verkündete das Wort des Herrn.

Und Rahel sprach: Ich bin der Erleuchtete, denn ich habe den einen Gott von Angesicht zu Angesicht empfangen und der Herr gab mir seine Gesetze.

Hört mich an: Es gibt nur den einen Herrn und Gott und wer an ihn glaubt, wird erlöst sein von allen Ängsten!

Denn Gott hat erschaffen den Himmel und die Erde, die Luft und das Wasser und alles Getier darin. Gott erschuf den Menschen, ihm zu dienen und sich die Erde untertan zu machen.

Und der Mensch wird herrschen im Namen Gottes, denn er ist der eine Herr. Durch unser Opfer ist er unser Herr und durch unser Gebet ist er unser Gott. Sein Gesetz ist unser treuer Glauben und seinen Segen erweist er uns durch das Gebet.

Wer unter euch hatte noch nie Angst in der Dunkelheit des Nichtwissens und stand starr vor der Größe der Welt. Doch nun hat Gott uns die Welt durch unseren Glauben zum Geschenk gemacht und durch unseren Dienst an ihm sind wir gesegnet immerdar. Fürchtet euch also nicht länger, denn Gott der Herr, der Weltenschöpfer, ist unter uns und wird uns seinen Schutz und Beistand gewähren.

Gebt auf euren persönlichen Stolz und Gott wird das ganze Volk stolz machen!
Gebt auf eure Demut vor der Natur und Gott wird euch die Natur untertan machen!
Gebt auf euer Mitleid mit dem Feind, denn wer von nun an nicht an unseren einen Gott glaubt, soll hingemetzelt werden fürchterlich!

Denn wir sind das auserwählte Volk Gottes. Wer so wie ich an ihn glaubt, der soll mir folgen in seinem Namen, jetzt und auf alle Zeit, in Ewigkeit, Amen! Denn dies ist das heilige Wort Gottes, das Geheimnis seiner Gnade und Allmächtigkeit.

So sprach Rahel zu dem Volk und das Volk war voller Staunen und Ehrfurcht ob der Worte Gottes.
Und die, die schwach und ängstlich waren im Geiste, öffneten sich dem neuen Gott und gaben ihm hin ihren Geist und ihre Seele. Denn Gott war allmächtig und nahm ihnen die Angst.

Die wenigen aber, die stark waren im Geiste, brauchten keinen Gott für ihr Seelenheil! Sie traten also vor und erwiderten:
Du sprichst mit neuer Zunge Rahel und erzählst von den Verlockungen des neuen Glaubens. Warst nicht du immer unsicher in deinen Meinungen und Entscheidungen. Du wolltest zu den Weisen zählen um das Volk zu beeinflussen, hattest aber nicht die Demut den langen Weg der Lehre zu gehen.

Du hast gegen unseren Häuptling gesprochen um selber die Macht zu erlangen, hattest aber nie den Mut im Kriege in den vordersten Reihen zu stehen!

Nun sprichst du von einem neuen, mächtigen Gott, doch kein anderer hat je deinen Gott gesehen. Denn kein Wesen kann so mächtig sein, das ganze Weltenall zu erschaffen. Und wenn, wieso sollte dieser Gott gerade dich erwählt haben?

Schon die alten Weisen, wie Hindu, unser Ältester, sprachen immer von den Rätseln des Universums, doch der Mensch ist zu klein, diese Geheimnisse zu lösen. Wozu sollen wir diese Rätsel auch lösen, wenn wir in Harmonie mit ihnen leben können.

Hat uns nicht Mutter Erde seit Menschengedenken mit ihren Früchten genährt. Und wärmt uns nicht die heilige Sonne mit ihren Strahlen und zeigt uns nicht der Stern des Nordens den richtigen Weg.
Die Bäume bieten uns Schutz und Unterkunft. Die Flüsse und Bäche löschen unseren Durst und die Kräuter der Wiesen heilen unsere Wunden.
Dies sind die wahren Götter, denn sie verlangen nicht unsere Huldigung um uns beizustehen!

Als er diese Worte vernahm, loderte der Geist Gottes in Rahel auf vor Zorn, denn die Starken im Volke hatten die große Lüge erkannt. Er musste also um sein Volk kämpfen, wollte er es nicht wieder verlieren.

So zügelte Gott seinen Zorn, die Rache konnte später folgen, und sprach:
Seht in euch und erkennt die wahre Größe des einen Herrn, denn Gott war schon in euch bei eurer Geburt, und in euren Eltern bei deren Geburt bis zurück zu den ersten Urahnen, die aus Gottes heiligem Odem erschaffen wurden.

Ich, Rahel, bin nur sein Bote, da ihr schwach geworden seid und Gott vergessen habt. Seht in euer tiefstes Inneres und dort werdet ihr den ewigen Funken Gottes erkennen. Dieser Funke wird unser Trost sein in der Dunkelheit und die Linderung für jedes Leid.

Seht mich an; ich war schwach, weil auch ich den Gott in mir vergessen hatte. Doch nun bin ich stark, weil ich meinen Glauben gefunden habe und so frage ich erneut: wer will mit mir preisen den Namen des Herrn.

Rahel hatte auf diesen Moment gewartet, denn sein Wissen über die Phänomene der Natur sollte die Wankenden auf den rechten Weg des Glaubens führen.
Und Rahel erhob die Arme zum Himmel und siehe, da verdunkelte sich der Mond.
Im Triumph donnerte seine Stimme über das Volk: Dies ist ein Zeichen Gottes, denn er ist das ewige Licht. Und wer nicht an ihn glaubt wird leben in Dunkelheit!

Die Mehrzahl des Volkes sank nun zu Boden und rief: Rahel, erlöse uns von der Dunkelheit und dem Bösen, denn du bist erleuchtet vom Worte Gottes. Wir werfen uns nieder vor deinem, unserem Herrn und Gott und wollen seinen Namen loben und preisen. Denn wir sind von nun an seine Diener und wollen nach seinem Gesetze leben.

Und allzu bereitwillig gaben die Schwachen hin ihren Geist, zur Unterwerfung durch das eigene Über-Ich. Es war so einfach, den freien Willen hinzugeben und dafür alle Fragen in einer Vision konzentriert zu haben. Ein Über-Wesen verantwortlich für Leben und Tod, ein Gott gnädig durch Glauben und Trost! War diese Hoffnung nicht mehr wert, als ein freier Geist, der sich doch nur endlos quält, da die letzten Erkenntnisse ihm verborgen bleiben.

So flehte das Volk auf Knien zu Gott, wie zuvor Rahel selbst:
Herr, du bist unser Licht und dein Name ein leuchtender Stern.
In uns fühlen wir sein helles Strahlen, denn aus dir selbst sind
wir hervorgegangen.

Wir geben dir unseren Glauben, denn durch dein heiliges Wort
gibst du uns die Erlösung.
Wir geben dir unseren Geist, denn deine Gesetze werden uns
den Weg weisen.
Und wir geben auch unser Leben in deine Hände, denn am
Ende wirst du uns ins Himmelreich geleiten.
So, allmächtiger Herr, nimm an unser Opfer als Zeichen der
ewigen Treue, verbunden durch dein heiliges Wort, das gelten
mag auf alle Zeiten und in Ewigkeit, Amen.

Doch der Nachthimmel blieb dunkel, der Mond verschwunden.
Rahel nutzte weiter die Gunst der Stunde und sprach:

Wahrlich, Ihr seid das Volk Gottes und er wird euch segnen
ewiglich. Doch seht die Ungläubigen, die nicht niederknien vor
seiner Macht. Erst wenn jeder an den Herrn glaubt wird die
Erlösung unser sein. Zwingt die Ungläubigen zu Boden, so dass
wir eins sind im Glauben!

Und die Schwachen erhoben sich um die Starken zu Boden zu
werfen, wie Gott es Rahel prophezeit hatte.

Der Älteste aus dem Stamm war Hindu, der Sohn von Ismus,
und hatte bis jetzt geschwiegen. Denn sein Vater hatte ihn
gelehrt, alle Situationen mit dem richtigen Maß abzuwiegen.
Eine weise Entscheidung verlangt Vernunft, Objektivität und
die rechten Worte zur rechten Zeit.
Sein Vater hatte ihn vor religiösen Eiferern gewarnt, die auch
früher schon das Volk mit Erlösungsversprechungen
aufgewiegelt hatten, selber aber nur nach Macht und Einfluss
strebten.

Und still für sich dachte Hindu nach über Sinn und Berechtigung des Glaubens, für den er im Stamme ja mitverantwortlich war.

Seit Menschengedenken hatten die Weisen dem Volk geistige Stütze gegeben; dazu waren Vorstellungen notwendig, die vielfach nicht mehr nur mit der Vernunft, sondern meist durch den Glauben daran erfassbar waren.

Den Menschen verlangt es aufgrund seines Bewusstseins nach Spiritualität. Wenn ich durch meine Gedanken erkenne, dass ich bin, so will ich auch wissen woher ich komme und wohin ich gehe. Es sind stets die gleichen Fragen, die sich durch Jahrtausende der Menschheitsgeschichte ziehen.

Und so war es immer die Aufgabe der Weisen gewesen, die Welt verständlich zu machen, im Kleinen und im Großen. Wir erfanden Geschichten über die Geburt der Welt, Gesänge über die Wunder des Lebens und Mythen über die Geheimnisse des Todes und darüber hinaus.

Aber wie alles im Flusse der Zeit sich ändert, so sind auch diese Geschichten einem Wandel unterzogen. Der Weise muss die Stimmung im Volk fühlen und den Glauben daran anpassen. Im Geiste sah Hindu die verschiedenen Götter vorüberziehen und dachte weiter über die Entwicklung des Glaubens nach.

Am Anfang war der Mensch abhängig von seiner nächsten Umgebung, die Gefahr oder Geborgenheit, Hunger oder Nahrung bedeuten konnte. Also verehrten wir Bäume, Flüsse und Tiere und verehren sie noch immer, wie mein Freund vorhin gesprochen hat.

Aber die Menschen verlangte es nach neuen Göttern zur Erklärung ihrer eigenen Verhaltensmuster. Alleine sah sich der Mensch mit einem Bewusstsein in der Welt und bekam so das Gefühl der Einzigartigkeit.

Niemand lenkte die Entwicklung des menschlichen Geistes, da diesen auch niemand unter uns verstand. Wir Weisen waren nur Begleiter, vielleicht auch Förderer dieser Entwicklung, nicht aber Begründer. Vieles an den menschlichen Verhaltensmustern stammt schließlich noch vom Tiere, nur das der Mensch eben über einen weiterentwickelten Geist, über ein Bewusstsein verfügt. Einige Denker vor mir haben aber schon erkannt, dass unser Bewusstsein anscheinend von tief in uns gelegenen, nicht steuerbaren Mechanismen mitgelenkt wird. Erst wenn es uns gelänge, diese inneren Zwänge und tiervererbten Verhaltensmuster durch intensivste Selbstanalyse zu erkennen und schließlich zu überwinden, wären wir wahrhaftige und freie Menschen.

Diesen Weg sind wir aber noch nicht gegangen und unser inneres Bewusstsein war sich selbst überlassen.
So wurde der Mensch zu einem auf sich selbst bezogenen Bewohner dieses Planeten – durch die Einzigartigkeit des Geistes sah er sich als Mittelpunkt der Schöpfung und beanspruchte daher die Herrschaft und Kontrolle über seine Umgebung.

Zur Legitimation der Menschenwelt musste eine erfundene Götterwelt also gleich wie diese beschaffen sein, einzig mit dem Unterschied der übersteigerten göttlichen Eigenschaften die im Grunde den menschlichen entsprachen.
Und wir Weisen wurden benötigt, diese Götterwelt zu beschreiben, um den Menschen ihre eigene Welt abzubilden und dadurch ihr Sein und Tun zu berechtigen. So erschufen wir Götter für Leben und Tod, für Liebe und Hass, für Gesundheit und Krankheit; einfach Wesen die uns die letzte Verantwortung über wichtige Lebensfragen abnehmen konnten.

Niemals habe ich mich gefragt, ob unterschiedliche Arten von Göttervorstellungen auch Unheil über uns bringen könnten.

Ja, hinterfragt habe ich die Götterwelt natürlich, lange genug sucht mein Geist nach Antworten über Beschaffenheit und Sinn der Welt. Aber damit sollte sich das Volk nicht beschäftigen müssen; es hatte seine Geschichten zur Befriedigung des Bedürfnisses nach Spiritualität.

Leider sah ich nicht weiter, wo die Entwicklung des Glaubens hingehen könnte. Jetzt fällt es mir wie Schuppen von den Augen, wie konnte ich nur so blind sein. Der Mensch sieht sich als einzigartig in der Schöpfung, da ist es nur vernünftig und recht, wenn es auch nur einen einzigen Schöpfer und Herrn gibt.

Der Mensch fürchtet sich vor dem Tod, deshalb muss der neue Gott auch ein Erlösungsversprechen für die Zeit danach anbieten. Das Totenreich verliert seinen Schrecken, wenn nur ein Gott alles in seiner Hand hält: Schöpfung und Erlösung, Leben und Tod.

Der Mensch lebt zufriedener mit eindeutig bestimmten Situationen, daher muss Eingott ein absoluter Gott sein, der keine weiteren Fragen aufwirft, ja auch nicht zulässt.
Im Grunde entspringt dieser Glaube unserer uralten Vorstellung, in der Natur sei Alles miteinander verbunden, sei Alles Eins; nur das wir eben nicht wissen, wie diese Einheit beschaffen ist und ob sie gesteuert wird oder eben nur da ist.

Und eigentlich ist es keine Frage des Glaubens oder des Wissens, sondern einfach des Fühlens. Wenn ein Mensch fühlt, alles sei göttlicher Natur und ihm wohl dabei ist, so ist der Glaube nebensächlich. Und wenn ein Weiser nun rätselt ob die Einheit im Göttlichen nun nur belebte Materie oder auch unbelebte betrifft, so ist dies genauso unwichtig.

Eine große Gefahr aber steckt in dem Absolutheitsanspruch des neuen Glaubens, von dem Rahel spricht.

Im Unterbewusstsein waren fast alle schon lange bereit für diesen Glauben, da er ja das eigene Selbst widerspiegelt. Nein, nicht nur bereit; eigentlich sitzt dieser Gott schon lange in den Menschen, die so gerne an ihre Einzigartigkeit „glauben". Rahel hat ihn nur erweckt und in eine Form gebracht.

In voller Pracht hat nun jeder das Bild dieses mächtigen Eingottes im Geiste, welcher ja doch nur das Spiegelbild eigener Wünsche ist. Daher ist dieser Glaube zwar geeignet, das Volk zusammenzuschweißen, aber auch zu blenden und im Glauben zu beherrschen.

In seiner Grundidee gut, lässt dieser Glaube keine Freiheiten des Fühlens, sondern verlangt absolute Treue.
Die alten Götter kannten auch Eifersucht untereinander, wir erfanden diese Geschichten, weil das Volk sie hören wollte. Aber niemals wollten die Götter die Menschen zu einem einzigen Glauben zwingen, es wäre wider die Natur der Selbstbestimmung gewesen, die wir Weisen dem Volk immer vorgelebt haben. Und Kämpfe über Machtansprüche unter Göttern wurden auch nur von diesen ausgefochten, niemals haben Menschen für göttliche Ansprüche gekämpft.

Wenn nun mein fehlgeleiteter Schüler Rahel den Willen zu Glauben im Volk richtig lenkt, werden sie ihm bedingungslos folgen. Vielleicht glaubt er sogar wirklich wovon er so hingebungsvoll predigt, aber er erkennt nicht mehr den eigentlichen Weg der Harmonie.

Rahels Geist wollte anscheinend nicht länger warten und suchen und so hat er sich der Spiegelung seines Unterbewusstseins hingegeben. Irgendeiner seiner inneren Zwänge hat die Macht über den ganzen Geist erlangt und drängt nun aus Rahel heraus.
Aber ich darf nicht zulassen, dass er das Volk verhetzt und in großes Unheil stürzt.

Aus diesem Fanatismus sehe ich Bruderzwist und Krieg heraufdämmern; nicht nur für mein Volk, sondern ich befürchte fast, dieser absolute Glaube könnte alle Völker der Welt untereinander und dann auch gegeneinander aufhetzen.

So werde ich wohl gegen meinen Schüler die Stimme erheben müssen, dachte Hindu, trat vor das Volk und sprach:

Haltet ein Brüder, kein Streit soll unser Volk teilen. Das große Geschenk des Menschen ist der freie Wille, der Wille zu denken, zu handeln und auch zu glauben. Dies unterscheidet uns vom Tier – manche sind uns zwar ähnlich, doch nur der Mensch vermag, sich selbst bewusst zu sein. Aber unser Bewusstsein ist eine große Herausforderung, denn es stellt viele Fragen auf die wir keine Antworten haben.

Und du, Rahel, willst unserem Volke einen Gott zur Antwort geben. Aber stellt sich der Denkende dann nicht über die Existenz Gottes die gleichen Fragen, die er sich zuvor über alles andere Unerklärliche gestellt hat?

Und dieses Naturschauspiel der Mondfinsternis! Wer hat denn dir, Rahel, den Lauf der Gestirne jahrelang beschrieben und gelehrt, wenn nicht meine Wenigkeit? Aber anstatt an diesem Wissen weiterzuarbeiten, missbrauchst du es, das Volk zu ängstigen.

Wir wissen nicht, woher die Himmelskörper kommen und wozu sie da sind. Seit wir aber denken können, beobachten unsere Weisen die Gestirne und ihre Bewegungen. Mit diesen Erfahrungen können wir bestimmte Ereignisse, wie auch die Verfinsterung des Mondes vorhersagen.

Und wenn wir etwas auch nur zu einem kleinen Teil erklären können, so rücken die Dinge doch weg aus dem Mystischen und wir brauchen keine Angst mehr davor haben.

Im Gegenteil, wir freuen uns über dieses kleine Stück Erkenntnis und nehmen es als Ansporn, noch mehr über die Welt zu erfahren.

Vieles bleibt unerklärbar - keiner unserer Ahnen konnte sagen woher wir kommen oder wohin wir gehen, wir können uns nur gedankliche Konstrukte dafür schaffen.
Daher leben wir seit Menschengedenken im Einklang mit der Natur, die uns Nahrung und Schutz bietet.

Ja, es gibt auch viele Gefahren, die die Natur für uns bereit hält. Aber haben diese Gefahren uns nicht stark gemacht und unseren Stamm geeint?

Wir haben große Krieger und Jäger erzogen, die uns gegen Feinde beschützt und uns ernährt haben. Wir haben den Klügsten und Stärksten erwählt uns zu führen, sowohl im Alltag als auch in Kriegszeiten. Und wir haben den Rat der Weisen um euch bei schwierigen Entscheidungen den Weg zu weisen.

In dieser Harmonie ist Platz für jeden Einzelnen der Gemeinschaft, keiner soll vernachlässigt werden, jeder sich nach seinen Möglichkeiten entfalten können.
Es bleiben aber viele Fragen, die auch ein Weiser nicht beantworten kann, wir sind eben kleine Menschen in einer großen Welt. Aber ist es überhaupt notwendig alles zu wissen? Oder wenn es nicht möglich ist alles zu wissen, sollen wir uns dann allmächtige Wesen vorstellen, die uns zumindest einige Rätsel erklären können?

Wir brauchen die Götter nur, wenn wir in uns selbst unsicher sind; denn nochmals sage ich euch: wir haben den freien Willen! Lebt für euch und in Harmonie mit der Umwelt; führt ein wahrhaftiges Leben, dann werden alle Fragen nebensächlich. Seit langer Zeit schon bin ich euer geistiger Begleiter und habe einigen Häuptlingen die richtige Führung des Volkes gelehrt:

Das Volk ist starrköpfig und schwach, daher braucht das Volk eine gute Führung. Der Häuptling muss dem Volk Vorbild sein und dem Volk den Umgang mit Natur und Mensch lehren. In Einheit mit der Natur wird es Nahrung und Gesundheit für das Volk geben und in Eintracht mit den Mitmenschen wird es Frieden und Wohlstand für das Volk geben.

Dies ist der Weg der äußeren Harmonie.

Der andere Weg ist der Weg der inneren Harmonie. Es ist der Weg der Weisen.
Ein einfacher Mensch benötigt meist zu seiner inneren Harmonie nur einen gesättigten Magen; sollte sein Geist nach mehr verlangen ist es Aufgabe der Weisen, im Volk auch diesen Hunger zu stillen.

Der Weise ist stets auf der Suche nach der richtigen Nahrung des Geistes. Er fühlt die äußere Harmonie der Natur, verinnerlicht diese, und arbeitet dann an der inneren Harmonie des Geistes.

Und im Inneren ruht die wahre Kraft des Menschen, die ich euch lehre: die Kraft des freien Willens zur freien Entscheidung.

Der Weise erforscht die verschiedenen Aspekte des Geistes und des Willens, wendet sie aber nie nur aus Eigennutz am Volke an.
Der Weise bleibt stets auf der Suche nach Erkenntnis, das Erreichte ordnet er aber um daraus Leitbilder für eine weise Führung des Volkes zu formen.
Der Weise bringt dem Volk rituelle Gesänge um es in der Not aufzurichten und der Weise bringt dem Volk Hymnen um Siege und Jagdglück zu feiern.
Der Weise bringt dem Volk Gebete um die Ahnen zu ehren und der Weise bringt dem Volk Beschwörungen um das Unheil zu vertreiben.

Aber der Weise tut dies nur, um dem Volk spirituellen Beistand zu geben, da es oft mit den Fragen des Geistes überfordert ist. Der Weise tut es nie, das Volk zu knechten oder zu beherrschen, denn es ist sein eigenes Volk.
Und dies ist der Fehler deines herrschsüchtigen Gottes, Rahel!

Ein allmächtiger Gott, Schöpfer des Weltenalls und des Lebens, würde unsere Opfer nicht benötigen. Dein Gott, Rahel, entsprang aus deiner eigenen Ohnmacht vor der Weltengröße und aus deiner eigenen Herrschsucht!

Das wahre Göttliche ist ein Paradoxon: ein allmächtiger Gott verlangt keine Opfer und Lobpreisungen, denn im Angesicht seiner Allmacht ist es unwürdig und unehrenhaft. Ein schöpferischer Geist will sein Werk sich entwickeln sehen und greift höchstens lenkend ein. Ist der Schöpfer aber unzufrieden mit seinem Werk, zerstört er es vollkommen, anstatt die Natur des Werkes, eben den freien Willen des Menschen, zu entstellen.

Ein wahrer Gott herrscht nicht über das Universum, sondern ist Teil des Universums.
Der wahre Gott durchdringt unerkannt Raum und Zeit, existiert in Allem und Nichts.
Schöpferische Kraft oder universaler Wille, wer weiß?

Ich kann euch darauf keine Antworten geben, denn mein Geist ist zu klein dafür. Aber wenn etwas Göttliches existiert, ist es Teil von uns allen und wir sind Teil des großen Ganzen. Denn eines kann ich euch sagen: in jedem Werk steckt auch ein Teil des Schöpfers und in dem Werk lebt der Schöpfer weiter.

Doch sollen wir aus allen Fragen nun einen Glauben machen, damit wir unseren freien Willen opfern können?
Nein, meine Brüder, denn mit diesem Opfer handeln wir wider unserer Natur und damit wider der Schöpfung.

Durch unsere Anbetung machen wir das Göttliche wieder zu einem Wesen und entstellen uns selbst und auch die Schöpfung. Das wahre Göttliche lebt in uns allen! Also, meine Brüder, wozu wollt ihr einer einzigen Interpretation des Göttlichen von einem Mitbruder folgen und darüber Streit und Unheil verbreiten.

Sucht in euch selber nach dem Göttlichen, glaubt an euch und arbeitet an euch, denn es gibt noch viel zu tun auf dem langen Wege der Menschheit!
Meine Brüder, wollen wir diesen Weg gemeinsam und in Frieden beschreiten, zum Wohle des ganzen Volkes und all unserer Nachkommen!

So endete die Rede Hindus und es war still geworden im Kreise der Versammelten. Weise hatte Hindu gesprochen, viele nickten zustimmend, doch die Unsicherheit war nicht vom Volk gewichen. Denn auch Rahels Worte hatten dem Volk gefallen.

Und Hindu, der Weise, hatte einen großen Fehler gemacht. Er hatte zum Volk gesprochen, wie er zu den Weisen und seinen Schülern sprach. Keine Rituale und Gesänge, die er sonst predigte, nur Fragen und Ungewissheiten. Er hatte keine Erlösung anzubieten, nach der es das Volk verlangte und die Rahel verkündet hatte.

Rahel erkannte die Unsicherheit im Volke und trat heran zu Hindu. Ein gewaltiger Kampf tobte in Rahels Geist, doch keiner sah diese innere Schlacht. Gottes Blitze zerfraßen sein Denken, denn Gott raste vor Zorn. „ Die Lüge, die Lüge, die große Lüge!"
Und so brach Gott hervor aus Rahel und schrie seine Seelenpein heraus:
Ungläubiger, für deinen Frevel an unserem Gott und Herrn wirst du büßen auf alle Ewigkeit!

Wer an mich glaubt, wird selig sein, so war meine Verkündung. Doch du, Hindu, sollst verdammt sein und dein Blut sei meine göttliche Rache!

Und mit diesem Worte Gottes zog Rahel sein Schwert und schlug Hindu zu Boden.

Dem Tode nahe erhob Hindu mit letzter Kraft nochmals seine Stimme und sprach:

Oh Rahel, mein fehlgeleiteter Schüler, nun bist du für immer verloren! Doch ich fürchte mehr um mein Volk und den heiligen Frieden; ich gehe dahin und wer soll euch jetzt leiten durch die finsteren Zeiten die da kommen werden?

Bei diesen Worten hielt Hindu inne und blickte sich um: „Dharma mein Sohn; mein Sohn, wo ist mein geliebter Sohn".

Dharma, Hindus Sohn, war gerade erst ins Mannesalter gekommen und musste daher der Versammlung hinter den Älteren beiwohnen. Dharma hatte der Rede seines Vaters und Lehrmeisters ergriffen gelauscht und die Weisheit in Hindus Worten erfüllte ihn mit Ehrfurcht.

Als aber Rahel sein Schwert zog und Hindu niederstreckte, war nur Haß und Mordeslust in Dharmas Geist. So zog auch Dharma sein Schwert und die Menge teilte sich vor seiner wütenden Gestalt, denn Dharma war ein geachteter junger Krieger.

„Vater, mein Vater, du darfst nicht sterben!"

Tränen der Wut und Verzweiflung im Gesicht stürmte Dharma mit erhobenem Schwert auf Rahel zu. „Mörder, stirb für deine schändliche Tat!"

Doch vor dem tödlichen Streich erhob Hindu einmal noch seine Stimme und sprach.

Halte ein, geliebter Sohn! Meine letzte Bitte an dich, bevor ich gehe.

Du warst ein gelehriger Sohn und Schüler und hast meine Worte stets bedächtig abgewogen; dies erbitte ich auch in meiner letzten Stunde.

Und mit dem letzten Atemzug erhob Hindu seine Stimme zum ganzen Volk: Frieden habe ich im Leben gepredigt, Frieden predige ich auch im Angesicht des Todes! Dies sei mein letzter Wille, kein Blut mehr soll in meinem Volk vergossen werden. Ich gehe, doch mein Segen sei mit euch und mein Geist möge euch beschützen, wo auch immer er nun hinziehen mag.

So gab Hindu seinen letzten Odem für den Frieden, denn auch der Tod konnte seinen Willen nicht erschüttern.

Dharma wollte voller Wut seinen tödlichen Hieb noch zu Ende führen, hielt aber inne und sprach: Dich, Rahel, will ich erschlagen, doch der Wille meines Vaters zählt mehr als dein wertloses Leben. Denn dieses Leben hast du schon verpfändet an deinen Gott. Und dies ist eine größere Strafe als der Tod!

In Rahels Geist war nun wieder Ruhe eingekehrt, denn Jahwe hatte seinen Sieg und jubelte:
„Sehet die Macht Gottes. Denn Gott verkündete: wer an mich glaubt wird ewig leben, doch die Ungläubigen werden dahingerafft von meinem Zorn.
Gehet hin und preist meinen Namen, denn ‚Ich bin' Jahwe, euer Herr und Gott! So wie Hindu im Staube liegt wird jeder sein Leben aushauchen, der Gottes Namen verleugnet, denn sein ist die Macht der Erlösung in alle Ewigkeit, Amen!"
Und Amen beteten die Schwachen im Volk und scharrten sich um Rahel.

Dharma aber war wahrhaftig der Sohn seines Vaters, denn Dharma hatte die Worte Hindus wohl verstanden und erkannte die Verblendung des Volkes.

Er sprach also: Hier ist nichts mehr zu tun. Mein Vater erschlagen, sein Lebenswerk entehrt. Ich kann nicht länger unter euch weilen. Auch soll kein Blut mehr vergossen werden. Von dannen werde ich ziehen, das Volk meiner Väter verlassen, denn es ist eine große Schande über unser Volk gekommen.

Aber nicht im Streit will ich ziehen, denn noch hoffe ich für eure Seelen. Möget ihr selig werden mit eurem Gott; mein Segen sei Friede und mein Opfer die Vergebung. Meine Pflicht aber sei die ewige Suche nach Wahrhaftigkeit im Sinne meines Vaters.

Mit gesenktem Haupt machte sich Dharma auf den Weg, seine neue Bestimmung in der Welt zu suchen. Die getreuen Anhänger seines Vaters aber folgten ihm, denn diese Suche war auch ihre Pflicht und ihr Gedenken an Hindus Vermächtnis. So zogen sie mit ihren Familien dahin, ein eigenes Schicksal zu finden, aus der tiefen Kraft des Geistes und des freien Willens.

Da sie nun um den Fluch der Religionen wussten, war ihr Ziel ein neues Land ohne Götter, zu leben in Frieden und Eintracht mit sich selbst und der Natur.
Nach Osten zog der kleine Stamm, zusammengehalten durch den Willen, als freier Mensch ein freies Leben zu führen.

Oft wurde Dharma auf diesem Weg von einer großen Traurigkeit übermannt; der Verlust seines Vaters schmerzte zu sehr in Dharmas jungem Herzen. Hindu selbst hatte keine Angst vor dem Tode verspürt, er trat jeder Situation und so auch dem Tod mit der gleichen Gelassenheit entgegen. Dharma hatte diese Gelassenheit immer bewundert, wusste aber auch, dass sein Vater sich die notwendige Reife und Ausgeglichenheit über lange Jahre hinweg mühsam erarbeitet hatte.

Tränen der Liebe und der Trauer rannen über Dharmas Gesicht, als er nun im Geiste den letzten Abschied von seinem Vater nahm.

- Abschiedsgruß Dharmas an seinen Vater -

Vater, wo bist du nun hingegangen, da du mir so früh genommen wurdest. So schnell fleucht unser Leben dahin, dass wir erst mit einem Verlust die wahre Bedeutung einzelner Momente erkennen können.

Da auch meine Mutter uns zu früh verlassen musste, warst du meine einzige Familie, mein ganzer Halt. Aber du warst auch mein Lehrer und gleichzeitig mein bester Freund. Keiner, nicht die Ältesten und nicht die Krieger, durfte Einspruch erheben, wenn du mich mitnahmst zu den Ratsversammlungen. So konnte ich schon als Junge deine geschickte Einflussnahme auf die Ratsentscheidungen bewundern, immer geprägt durch deine Liebe zu allem Leben.

Im Geiste sitze ich noch heute auf deinen Knien und lausche den Geschichten über die Geheimnisse der Natur. Auch du, geliebter Vater, suchtest nach den Antworten darauf, aber viel wichtiger war dir die Harmonie im Jetzt, das „Einfach Leben" inmitten aller Fragen.

Nun weine ich ein Meer der Tränen, da Andere nicht deine Demut vor dem Sein teilen wollten. Um dich selbst weine ich und um deine Lehren, deren Licht diese Abscheulichen vor Verblendung nicht erkennen konnten. Und um deine Liebe weine ich, für mich und dein ganzes Volk, da du sogar im Angesicht des Todes noch vergeben konntest.

Ich spüre noch deine Hand auf meinem jugendlichen Haar, wie du mir lächelnd die Sinnlosigkeit der Zerpflückung der Unendlichkeit des Seins erklären wolltest.

Du sagtest einfach: Die Welt hat weder Anfang, noch Ende; doch was soll's? Wir leben in der Welt wie sie ist und unsere einzige Aufgabe sei, so offen und wahrhaftig zu leben, dass wir uns als Menschen würdig erweisen.

Du nahmst mich in deine starken Hände, warfst mich in die Luft und riefst mir zu: Lauf, lauf mein Junge, lauf hinaus in die Welt und nimm freudig an was dir gegeben wird. Antwort oder Frage sei dir gleicher Lohn, nur lache darüber, als ob die Welt ein Scherze sei.

Dann wurdest du wieder ernst und meintest: Nimm dies aber nicht zum Anlass, alle deine Entscheidungen auf die leichte Schulter zu nehmen. Nur das Unabänderliche sollst du lächelnd betrachten; deine Taten sprechen aber für dich als Mensch.

Sei wahrhaftig, will sagen rechter Mann zur rechten Zeit. Sei offen und leutselig für dein Volk, mitfühlend und beistehend den Armen, tolerant und gelehrig allem Fremden gegenüber, vor allem aber sei ehrlich gegenüber dir selber und deinen Idealen.

Vater, nie werde ich deine Worte vergessen, noch immer bin ich dein Schüler. Vielleicht hast du ja jetzt einige Antworten gefunden, nach denen es Viele so giert. Auch ich habe mich dem Weg der Suche verschworen, doch nur entsprechend deinem Wort von Harmonie und Frieden. Dies wünsche ich zum Abschied auch deinem Geiste, wo immer er nun sein möge.

--

Und so zog Dharma weiter, die Lehren seines Vaters im Herzen, die eigenen Lehren keimend im Geist. Das einzige Gesetz sollte sein, dass alles Leben heilig ist und das einzige Ziel sollte ein wahrhaftiges Leben sein.

Diese Prinzipien trug der kleine Stamm vor sich her auf seinem langen Marsch. Und keine Hand wurde erhoben gegen den Stamm in den fremden Ländern, die sie durchwanderten. Denn der Stamm war voller Frieden und man sprach in Ehrfurcht von der heiligen Aura der Harmonie, die den Stamm auf seinem Weg umgab.

So die Völker waren in Ehrfurcht vor dem Stamme Dharmas, so waren Sie in Furcht vor dem Stamme Rahels. Denn Rahel war ein grausamer Verkünder der Worte Gottes. Die nicht niederknieten im Namen Gottes, wurden in die Wüste gejagt und ermordet. Und mit ihrem Blute schrieb Rahel den Namen Gottes in den Wüstenstaub.

Wieder war eine Prophezeiung Gottes eingetreten, denn alle Völker mussten sich seiner Macht beugen. Von religiösem Wahn angefeuert waren Rahels Gotteskrieger unbesiegbar, denn ihr Schlachtruf war Amen, Tod den Ungläubigen!

Rahel aber verfiel dem Wahn vollkommen, denn Gott hatte sich in seinem Geiste wie ein Krebsgeschwür ausgebreitet. Bald fühlte Rahel, er sei eine Inkarnation von Gott selbst und dazu bestimmt, die Welt im Glauben zu einen und jedweden Frevel zu bestrafen.

So ließ er fremde Götzenbilder zerstören, andere Tempel niederreißen und alle alten Gesänge und Rituale verbieten. Das Volk stöhnte unter der Grausamkeit, doch fürchtete es sich vor Gottes Allmacht. Und dies war die wahre Allmacht; Furcht und Erlösung aus einer Hand, aus Gottes Hand.

Und nach jedem Sieg trat Rahel vor das versammelte Volk und sprach: Gott ist mit uns, denn er hat uns wieder einen Sieg über die Ungläubigen geschenkt. Seht seine Macht, denn sie ist unerschöpflich. Er segnet uns durch den Glauben und schenkt uns das ewige Leben.

Für das Leid im Diesseits schenkt er uns die Erlösung im Jenseits, für den heiligen Kampf das Himmelreich.

Wir sind das auserwählte Volk Gottes, er hat uns zu seinem Stamm gemacht. Und dieser Stamm ist stark mit Gott. Darum wankt nicht in eurem Glauben, denn das stärkt unsere Feinde.

Gott liebt die Gläubigen und segnet sie, doch zürnt den Frevlern und zerschmettert diese.
Erst wenn der letzte Ungläubige vom Antlitz der Erde vertilgt ist, wird das Himmelreich auf Erden kommen und die Erlösung unser sein auf alle Zeiten und in Ewigkeit, Amen.

Und Amen sagte das Volk, denn es sah, dass Gott durch Rahels Mund zu ihm gesprochen hatte. Und das Volk glaubte an die Erlösung durch seinen Herrn und weinte Tränen der Entrückung. Tod und Unheil waren vergessen, denn der Lohn für das diesseitige Leid wird zur rechten Zeit von Gott selbst empfangen werden.

So wurden die Schändungen des Volkes an seinen Feinden jedes Mal von Rahel reingewaschen durch Gottes Wort. Und Rahel, der Verkünder, wurde allmächtiger Herrscher über das Wort Gottes. In allen Ländern wurde sein Name in einem Zuge mit Gottes Namen genannt, doch galt Rahels Name mehr Fluch denn Erlösung.

Der Name geisterte durch alle noch freien Städte und kreiste um alle Lagerfeuer in der Wüste. Glaube oder Verfolgung, Unterwerfung oder Tod; dies war die Wahl, vor die alle Völker gestellt wurden.

Rahels Name verfolgte auch Dharmas Stamm auf seiner Wanderung, die jedoch nicht enden sollte, bis ein Ort ohne Gott und ohne Rahel gefunden war.

Und so oft Dharma auch über diese Entwicklung nachdachte, war es ihm doch unmöglich nachzuempfinden, wieso Menschen nur für eine Idee soviel Unheil über die Welt bringen können.

Und wenn in einer einzigen Idee schon soviel Kraft stecken konnte, fragte sich Dharma, wieso die Vernunft und das Herz dann diese Kraft nicht zum Wohle der Menschheit nutzen wollten. Aber die Kraft des Glaubens kam schließlich aus dem Inneren des Geistes, somit oblag Richtung und Entfaltung der Kraft auch den inneren Antrieben, Ängsten und Zwängen. Und aufgrund ihrer Abhängigkeit von diesen Ängsten hatte sich Gott ja gerade die Unsicheren und Schwachen erwählt.

So drehten sich Dharmas Gedanken im Kreise, Lösung für sein früheres Volk fand er aber keine. Zuerst musste er für seinen neuen Stamm den richtigen Weg finden, erst dann würde er aus der Verbannung zurückkehren können, um den Menschen das Licht der Wahrhaftigkeit zu bringen.

Wie ein Sturmwind zog Gottes Name über die Erde hinweg, nichts konnte ihm standhalten.
Die Saat Gottes war also aufgegangen, doch Rahel selbst konnte nicht mehr ernten. Denn sein Wahn wurde so groß, dass er seine menschliche Existenz nicht mehr ertragen konnte. Er fühlte sich als Gott, gefangen in einer sterblichen Hülle. Die menschlichen Schwächen seines Geistes widerten ihn an, da er doch von göttlicher Natur war.

Oft sah man Rahel einem gehetzten Tiere gleich auf und ab gehen und wirre Worte vor sich hinstammeln. Der Wahnsinn war sein neuer Herr, ein Herr über Chaos und Verderben. Und die Getreuen Rahels zitterten vor seiner Unberechenbarkeit, duckten sich vor seiner Willkür.

Vor jeder Schlacht aber kam ein Leuchten in Rahels Augen und er versammelte seine Vertrauten zum Gebet. Er schwang seine alten Reden von Glaube und Hoffnung, von Opfer und Trost, von Blut und Tod. So schürte er den religiösen Eifer und hielt das göttliche Feuer am Brennen. Denn Brennen musste dieses Feuer in allen Gläubigen und Verbrennen sollte dieses Feuer alle Ungläubigen.

Am Ende aber wurden die Gebete Rahels selbst den engsten Vertrauten seltsam in Rede und Sinn. Der Wahn war vollends über ihn gekommen, durchdrang seinen Geist und drang ihm aus allen Poren.

- Wahnsinnsgebet Rahels im Kreise seiner Jünger -

Das Reich Gottes wird nun neu erschaffen,
die Ungläubigen, die muss ich bestrafen.
Der rote Saft muss massenweise fließen,
womit sollte ich sonst die schwarzen Blumen gießen..

Schwarze Blumen male ich gern ins Gras,
die Erde riecht so gut nach meinem Aderlass.
Auf dieses Erlebnis will ich nicht verzichten,
die Welt muss sich nach Gottes Worten richten.

Gottes Wort hält mich umschlungen,
von seiner Macht bin ich durchdrungen.
Zwischen Angst und Glauben aufgerieben
Ist mir nur der Hass geblieben.

Hass steht einem großen Geist nicht gut –
Zum Herrschen gehört mehr als Hass und Mut.
Deswegen, wenn ich Gottes Reich gefestigt hab,
folge ich meinen Opfern in ihr Grab.

Im Grab kann ich auf Vergessen hoffen,
für all das Blut, dass ich im Rausch gesoffen.
Für all die Augen, die ich geblendet,
für all die Frauen, die ich geschändet..

Gott wird sich um meine Seele kümmern,
ich hinterlasse eine Welt aus Trümmern.
Der Glaube aber bleibt bestehen,
in den Geist gebrannt, dies große Flehen..

Das Flehen wird die letzte Hoffnung sein,
zugleich der Menschheit größte Seelenpein.
Kein Weg mehr führt zurück;
So gehabt euch wohl und habt viel Glück!

--

Ratlos blickten Rahels Jünger um sich, keiner wagte das Wort zu erheben.

Rahel hatte also Abschied genommen, wohl da er seine eigene Verderbtheit selbst nicht mehr ertragen konnte. Er fühlte sich besudelt und führte dies auf den Rest von Menschlichkeit zurück, wo doch der wahre Dämon anderswo steckte.

Zur endgültigen Erlösung wollte, ja musste Rahel Körper und Geist von allem Menschlichen reinigen, um als wahre Inkarnation Gottes wiedergeboren zu werden.

Er ließ also ein Feuer entfachen und sprach zum Volke: Dies ist mein Opfer an Gott dem Herrn, der mir seine Worte geschenkt hat. In seinem Namen habe ich euch von Sieg zu Sieg geführt und euch das heilige Wort Gottes gebracht.

Von Angesicht zu Angesicht bin ich Gott gegenübergestanden, doch noch immer fühle ich menschliche Schwäche in mir. Jetzt ist die Zeit der vollkommenen Reinigung gekommen, damit ich Gott erneut gegenübertreten und als heiliges Wesen wiedergeboren werden kann.

Dies ist auch mein Opfer an meinem Volk, denn durch dieses Zeichen stärke ich euren Glauben. Befolgt die Gesetze Gottes in meinem Namen, denn ich bin der auserwählte Prophet seines Glaubens.

Durch mich habt ihr den Weg zur Erlösung erfahren und durch mich werdet ihr auch das Himmelsreich erlangen. Denn ich werde in neuer göttlicher Pracht vor euch treten, wenn der Herr mich sendet, euch in die letzte Schlacht zu führen.

Mit diesen Worten schritt Rahel erhobenen Hauptes in das Feuer hinein und zögerte dabei keinen Moment. Sein Haar brannte lichterloh und das Fleisch verschmorte auf seinen Knochen als er die Mitte des Feuers erreichte.

Dann erst hob er die Arme und schrie: Oh Gott, erlöse mich von den Schmerzen! Dann fiel er kraftlos in den Flammen zu Boden und nur die Nächststehenden konnten seine letzten Worte vernehmen, die da waren: Was habe ich bloß getan!

Das Volk war sprachlos ob dieser Tat, doch langsam knieten die ersten nieder und begannen zu beten. Rahel hatte sich für das Volk geopfert, er war der Märtyrer für die Erlösung aller. Und das Volk hatte gesehen, dass der Wille durch den Glauben stark genug sein kann um ins Feuer zu gehen.

Niemals würde nun das Volk an Gott zweifeln oder ihn gar verleugnen. Gott war allmächtig und Rahel sein heiliger Prophet. In der letzten Schlacht würde er wiederkommen, um der Menschheit das Himmelreich auf Erden zu bringen. Denn durch ihn und in ihm hat Gott gesprochen und seine Gesetze verkündet.

Amen sprach das Volk und als das Feuer niedergebrannt war, streuten sie sich Asche über das Haupt, denn so sollte Rahel ihnen ewiglich erhalten bleiben.

Ihre Körper wälzten sie auf schwarzverbrannter Erde und da keine Feind zu erschlagen waren, ritzten sie ihre Arme und Beine auf, um mit diesem Blut Gottes Namen in das Gras zu gießen.

Bald schon sollte richtig Ungläubigenblut die schwarzen Blumen wieder zum Sprießen bringen und das Volk begann also die Schwerter für den nächsten Kampf in Gottes Namen zu schleifen.

Auch Dharma vernahm schon weit entfernt die letzte Geschichte Rahels und wusste, es würde eine lange und unheilige Zeit über die Menschheit hereinbrechen. Das Land für seinen Stamm musste gut gewählt werden um die nächsten Jahrhunderte zu überdauern.

In der Abgeschiedenheit der fernsten Gebirgstäler wollte er seinen Stamm zu einer neuen Betrachtungsweise des Lebens führen, wo die Entfaltung des menschlichen Geistes zur Wahrhaftigkeit das endgültige Ziel sein sollte.

Dharma war noch jung und hatte noch viel zu lernen, bis er sich dem Ziel der Wahrhaftigkeit überhaupt nähern konnte. Aber er wollte hart an den Lehren seines Vaters arbeiten und auch jedes andere Mitglied des Stammes sollte sich damit beschäftigen.

Jeder sollte fühlen, dass Menschsein etwas besonderes und heiliges ist; dann schätzt er das eigene Leben und auch das Leben anderer. Dharma wusste, es würde ein langer Weg werden, den Geist zu entwickeln, denn er hatte die Abgründe des Geistes gesehen. Doch sein Stamm war stark im Geiste und er hatte Vertrauen in seine Brüder und Schwestern.

Die späteren Generationen sollten ihre Auserwählten wieder zu den Menschen führen, aber nicht sie zu bekämpfen sondern um die Trümmer der Zerstörung zu beseitigen.

Nicht durch Zwang, sondern durch Vorbild soll die Menschheit auf einen neuen Pfad der Entwicklung gelenkt werden. Denn durch den freien Willen ist alles möglich, auch ein neues Menschsein ohne Neid und Missgunst und auch ohne Krieg.

Aber für lange Zeit war es still geworden um Dharma, denn der Stamm hatte seinen Platz der Abgeschiedenheit gefunden und würde dort an der Entfaltung des Geistes arbeiten bis die Zeit des neuen Pfades gekommen war.

LEVITIKUS

Auf seinem Weg ins gelobte Land war das Volk Israels vierzig Jahre lang unterwegs. Während dieser langen Zeit benötigte Mose Unterstützung, das Volk in den Gesetzen Gottes zu unterweisen.

Daher beauftragte ihn Gott, den Stamm der Leviten als Priester einzusetzen. Es waren dies die Nachfahren von Levi, einem der zwölf Söhne Jakobs (Abraham war der Vater Isaaks, dieser wiederum der Vater Jakobs). Die Nachkommen dieser Söhne bilden auch die zwölf Stämme Israels.

Levitikus nun ist eine Sammlung aus Vorschriften für das Priesteramt. Weiters enthält es verschiedene Opfervorschriften für Brand-, Speise-, Heilsopfer und noch andere.

Auch Gebote für das Sozialleben werden beschrieben, unter anderem das Verhalten gegenüber den Eltern, gegenüber Fremden und auch in der Ehe.

Viele Verstöße werden mit dem Tod bestraft, natürlich Frevel gegen Gott aber auch andere Sünden wie Unzucht:

„Schläft einer mit einem Mann, wie man mit einer Frau schläft, dann haben sie eine Greueltat begangen; beide werden mit dem Tod bestraft; ihr Blut soll auf sie kommen. ... Ein Mann, der einem Tier beiwohnt, wird mit dem Tod bestraft; auch das Tier sollt ihr töten. Nähert sich eine Frau einem Tier, um sich mit ihm zu begatten, dann sollst du die Frau und das Tier töten." Lev 20, 13-16

Aber auch durchaus praktische Belange sind geregelt, wie das Brachjahr für das Land, das Rückkaufsrecht für Grundbesitz oder auch der Umgang mit Sklaven.

Im Hinblick auf unsere heutigen Moralvorstellungen muten viele der Vorschriften und Opferriten sehr eigentümlich an, waren aber auch bei anderen Völkern dieses Kulturkreises durchaus üblich.

Nach der Verkündung aller Vorschriften folgt die Strafandrohung für den Ungehorsam, die nicht gerade zimperlich ausfällt:

„Aber wenn ihr auf mich nicht hört und alle diese Gebote nicht befolgt,... begegne auch ich euch im Zorn und züchtige euch siebenfach für eure Sünden. Ihr esst das Fleisch eurer Söhne und Töchter. Ich vernichte eure Kulthöhen, zerstöre eure Räucheraltäre, häufe eure Leichen über die Leichen eurer Götzen und verabscheue euch. Ich mache eure Städte zu Ruinen, verwüste eure Heiligtümer und will den beruhigenden Duft eurer Opfer nicht mehr riechen." Lev 26, 14-38

NEO LEVITIKUS

Rahel hatte das auserwählte Volk im Namen Gottes verlassen, denn Gott hatte ihm die Erlösung und Wiedergeburt zum ewigen Leben versprochen.
Das Volk hatte sein Wort und das Gesetz Gottes in sich aufgenommen, denn das Volk war bereit für den Glauben.

Gottes Saat, das Gesetz des einen Glaubens, war also gesät, gesät in dem auserwählten Volk, das damit seine Unschuld verlor.

Doch Gott war gut zu seinem Volke.
Das Volk lobte und pries den Herrn und der Herr nahm dem Volk die Fragen über das Ungewisse.
Das Volk warf sich nieder vor dem Herrn und der Herr schenkte ihm die Seligkeit des Glaubens.

Und der Glaube einte das Volk, denn das Volk wollte nicht mehr grübeln über das Ungewisse und freute sich über die Seligkeit.

So sprach Gott zu seinem Volke:
Ich bin euer Herr und Gott. So ihr lebet nach meinem Gesetz, so sei euch Gnade gewährt auf ewiglich. Ihr gebt mir euren Glauben, ich nehme euch die Angst. Ihr gebt mir euren Geist, ich nehme euch die Fragen.

Fragt nicht länger nach dem Woher oder Wohin, denn ich bin euer Herr und Gott. Glaubt an mich, denn ich bin in euch und um euch und Ursprung allen Seins.

Und wer an mich glaubt wird selig sein.

Denn selig sind die Unwissenden und selig sind die Nichtdenkenden. Denn keine Fragen zerreißen den Nichtdenkenden.

Und wer an mich glaubt wird erlöst werden.
Denn der Leidende im Glauben wird im Jenseits die Gnade der Erlösung aus meiner Hand erhalten.

Und wer an mich glaubt wird ewig leben.
Denn das ewige Leben im Himmelreich gehört den Kriegern Gottes, die mein heiliges Wort verkünden.

So seid glücklich in meiner Lobpreisung und seid glücklich in eurem Glauben!

Dies waren die Worte Gottes, und das Volk glaubte an den Herrn.
Aber das Volk Gottes war noch jung in seinem Glauben. Und das Volk Gottes hatte Rahel, den göttlichen Verkünder, verloren an das Himmelreich.

So war es wieder an Ebrahim, dem alten Häuptling, das Volk zu leiten. Ebrahim hatte sich in der unheilvollen Nacht des Zwistes zwischen Rahel und Hindu in seine Hütte zurückgezogen, denn es war nicht seine Aufgabe über die Weisen zu richten. Der Häuptling richtet im Volk, die Weisen richten unter sich; so war es Stammestradition seit alter Zeit.
Hindu hatte ihn lange auf die Aufgaben eines Häuptlings vorbereitet, doch in dieser einen Nacht war Ebrahim machtlos.

Und als Ebrahim vom Tode Hindus erfuhr, blieb er eine Nacht und einen Tag in seiner Hütte und weinte über seinen Freund die ganze Nacht und den ganzen nächsten Tag.
Dann aber erhob sich Ebrahim und wollte Gericht halten über Rahel, denn durch das Todesverbrechen wurde auch ein Weiser wieder Teil des Volkes und seiner Gesetze.

Das Volk aber war gegen Ebrahim, denn wer gegen Rahel sprach, sprach gegen Gott.

Und wer gegen Gott sprach, versündigte sich gegen den Glauben. Und wer gegen den Glauben sündigte, hatte sein Leben verwirkt. Denn oberster Richter war der eine Herr und Gott und kein Mensch soll sich über Gottes Urteil erheben können.

So zog Ebrahim das Urteil zurück, denn Ebrahim selbst wollte am Leben bleiben. Aber er verlor Macht und Einfluss im Volk, denn das Volk wurde nun geführt vom Worte Gottes und dessen Verkünder war Rahel.

Ebrahim blieb aber seinem Stamme treu, obwohl es sein Herz verlangte, Dharma auf seinem Weg zu folgen. Denn Hindu hatte ihn gelehrt, dass die Verantwortung gegenüber dem Volk umso größer ist, je größer die Not des Volkes ist. Wenn er auch nicht sein Leben für die Gerechtigkeit opfern wollte, so wollte Ebrahim doch seinen Stamm durch die finsteren Zeiten die da kommen sollten, begleiten.

Und es waren gar finstere Zeiten die über das Volk und das ganze Land heranbrachen, denn Rahel zog mit Feuer und Schwert hinaus, die Gesetze Gottes zu verkünden.

Als aber Rahel sein Leben für das Himmelreich hingab, wollte Ebrahim das Volk wieder zu den alten Stammestraditionen zurückführen und Frieden in das Land bringen.

Der Geist Gottes war aber zu tief in das Volk gedrungen und Ebrahim hatte nicht die Kraft und das Wissen, diesen Fluch zu vertreiben.

Auch wenn der Stamm im Glauben wankte, so war er doch der letzte Trost in dunkler Zeit.

Auch wenn das Feuer Gottes nur mehr schwache Wärme gab, so war es doch die einzig Wärme in kalter Nacht.

Denn als die Schwachen ihren freien Geist hingaben ihrem Gotte, gaben sie auch hin die Unabhängigkeit des Geistes. Die Unschuld vor den großen Fragen war verloren und so verloren wären die Menschen auch ohne die Antworten ihres Gottes gewesen.

Das Volk dürstete weiter nach dem Blut der Ungläubigen, denn mit diesem Blut wollte das Volk seinen Durst nach Seligkeit stillen.
Hatte nicht Gott die Erlösung durch den Tod der Ungläubigen versprochen? Und hatte nicht Gott die Unterjochung aller Völker unter sein Wort verlangt, um den Auserwählten dann das Himmelsreich zu schenken?

Die Worte Gottes und die grausame Verkündung der Worte Gottes waren weit in alle Länder vorgedrungen und die letzten freien Stämme hatten sich nach dem Tode Rahels zusammengefunden, um die Bedrohung durch das Volk Gottes gemeinsam zu bekämpfen.

So musste nun Ebrahim mit seinem Stamm in den Krieg ziehen, auch wenn es ihn nach Frieden sehnte, denn es ging um das Überleben seines Volkes.

Doch ohne Rahels göttliche Worte war das Volk schwach geworden. Das Feuer Gottes brannte nicht mehr so heiß in den Kriegern und Zweifel suchten manch Gläubigen heim. Auch hörte man Stimmen im Volk, die Beistand von Sonne und Mond erflehten. Andere fragten leise, ob die Erlösung wirklich durch den Tod tausender Männer, Frauen und Kinder erkämpft werden kann. Viele stimmten im Geist die alten Gesänge Hindus an, um die Dämonen zu besänftigen.

Die Feinde des Volkes wurden immer stärker, so wie Gott es prophezeit hatte: Wenn ihr aber wanket im Glauben, so werdet ihr schwach werden und eure Feinde werden erstarken!

Not und Elend wuchsen im Volke Gottes, denn viele Opfer forderte der Krieg. Und nicht enden wollte der Krieg. Die Feinde des Volkes hörten nicht auf Ebrahims Friedensgesuche, denn auch die Gotteskrieger hatten in den Zeiten der Stärke nicht auf das Flehen der Nachbarstämme gehört. Das viele vergossene Blut der Unschuldigen musste nun gesühnt werden, nach den alten Regeln der Stämme: Auge um Auge, Blut um Blut und Leben um Leben.

Ebrahim, der Standhafte, zog also weiterhin an der Spitze seines ausgebrannten Volkes in den Krieg! Auf seiner Fahne stand nicht Sieg und auch nicht Ehre. Er kämpfte gegen den Untergang seines Volkes, wo es doch den Untergang verdiente. Seine Freunde hatte er verloren und auch seine Ehre hatte er verloren. Doch Pflicht war Ebrahim ins letzte Glied. Niemals sein Volk zu verlassen, war sein Schwur zur Häuptlingswürde.

Die Gedanken Ebrahims in einsamer Nacht waren oft bei Dharma und seinem Weg der Suche und auch Dharmas Gedanken waren in den Stunden seiner Meditation oft bei seinem Vater Hindu und dem alten Freunde Ebrahim.
Als Kind war Dharma mit dem Freund seines Vaters durch die Wälder gestreift; hatte gelernt Bogen und Pfeil zu benützen und Nahrung und Schutz zu finden.

Nun waren diese Zeiten vorbei, die Erinnerungen schienen fast aus einer anderen Welt.
Gern hätte Dharma nochmals die Stimme Ebrahims vernommen, die so mächtig über das versammelte Volk donnern konnte und die so sanft mit den Kindern über die Wunder der Natur sprechen konnte.

So schickte Dharma einen Gruß seines Geistes hinaus in die Welt, den Freund Ebrahim zu erreichen und vielleicht auch den Geiste seines Vaters Hindu.

- Gedanken Dharmas an Ebrahim -

Ebrahim, du Leidender, du großer Dulder und
Schicksalsgeprüfter! Gott hat dir Amt und Würde genommen,
doch du, du leidest weiter für dein Volk. Was wärest du für ein
Führer gewesen in anderer Zeit? Was wärest du für ein Führer
gewesen unter einem anderen Stern, dem Stern des Übergeistes?

Ebrahim, du Pflichtgetreuer, du Volkestreuer und doch vom
Volk verratener! Der eigene Stamm hat sich von dir abgewandt,
doch du, du kämpfst weiter für dieses, dein Volk. Was wird
noch werden aus dem Volk in dieser dunklen Zeit? Was wird
noch werden aus dem Volk unter diesem dunklen Stern, dem
Stern des Herrschergottes?

Einst sangst du die alten Lieder von Ehre und Tugend im
Kreise deiner treuen Gefährten und Schulter an Schulter mit
Hindu, dem Freund und Geistesführer.
Einst erheiterte der Wein dein Gemüt, löste Zunge und Geist
für unbeschwerte Abende am Lagerfeuer.

Doch nun; nun schwebt nur mehr ein Lied über dem Lande,
das schwarze Lied des Todes mit seiner dunklen Melodie.
Und nun, nun trinkst du den Wein nicht mehr; nein, du
ertrinkst in dem Wein, da du das Lied des Todes nicht mehr
hören willst und es doch mehr und mehr deinen Geist
verbrennt.

Trink ihn nur den Wein, denn dann er hat keine Macht über
dich, der Sklavengott. Trink ihn nur den Wein, denn dann
kannst du ihm ins Gesicht lachen, diesem Blutgotte. Du hast ja
sonst nichts mehr zu lachen, denn das Blut der Unschuldigen
hat dein Lachen erstickt. Erstickt ist auch dein Wille, denn noch
immer trinkt dein Schwert das Blut der Unschuldigen.

Ich weine um dich, Ebrahim, denn ich weiß um dein Leid. Du musst dich selbst verleugnen um für ein Volk zu kämpfen, dass sich auch verleugnet hat. Du musst deinen Willen opfern für ein Volk, dass dich opfern wollte. Und du musst töten für ein Volk, dass soviel unschuldig Blut schon vergossen hat.

Ich weine um dich, Ebrahim, so wie du um meinen Vater geweint hast. Und ich weine um dich, Ebrahim, weil du schon so lange dem Lied des Todes lauschen musstest.

Noch schleuderst du mit Inbrunst den Speer unter deine Feinde, doch weit wagst du dich vor, bevor du wirfst. Die dunkle Melodie hat schon ihren Schatten über dich geworfen. Und verstecken willst du dich unter diesem Schatten.

Noch schwingst du das Schwert mit Kraft, doch dein Schild ist brüchig geworden. Schon suchst du selber den dunklen Schatten, denn er soll dich erlösen von deiner Pflicht.

Drum weine ich um dich, Ebrahim! Denn du bist der größte Diener, den das Volk je hatte. Der Dienst am Volke war deine einzige Pflicht und für diese Pflicht hast du deine Ehre und sogar dein Gewissen verraten. Mit meinen Tränen segne ich dein Opfer und segne auch dein Vermächtnis; denn bald schon wirst du es gesungen haben, dein letztes Lied, dein dunkles Lied.

--

Dharma sah seine eigenen Tränen ins Gras fallen und fühlte, es war schon die Totentrauer um Ebrahim. Gut, zu gut kannte er den väterlichen Freund. Dharma wusste, dass Ebrahim an der Pflichterfüllung für sein Volk zerbrechen würde und nur der Tod in der Schlacht ihm die ersehnte Erlösung bringen würde. Der letzte der Edlen würde sein Leben aushauchen und damit wäre auch die letzte Brücke zu seinem alten Stamm dahin.

Wehmütig dachte Dharma an die alten Tage voller Eintracht und Frieden. Diese Tage waren vorbei und Krieg herrschte auf Erden. Es war nicht Dharmas Krieg, doch er litt schwer an all dem Leid und Elend, welches sein Volk nun traf.

Und gar groß war das Elend unter dem Volke. Als dann wirklich die Nachricht vom Tode Ebrahims bei Dharma eintraf, hörte man auch von böser Seuch' und vielen Nöten im Volke Gottes.

Dharma vergoss abermals Tränen um seinen alten Freund und vergoss auch Tränen um seinen früheren Stamm. Aber Dharma dachte bei sich: Vielleicht ist jetzt die Zeit für das Volk gekommen, den göttlichen Wahn fahren zu lassen und zurückzukehren zur Harmonie mit Natur und Geist.

Fast schon wollte er sich auf den Rückweg machen, die Stämme wieder zu vereinen und gemeinsam den neuen Weg zu gehen. Das Volk Gottes brauchte Dharmas Beistand um die Trümmer seines Gottes zu beseitigen und das Volk brauchte Dharmas Lehren um wieder zu einem starken Volk ohne Gott zu werden.

In der Stunde der größten Not aber erhob sich einer aus dem Volke Gottes, denn er hatte lange Zwiesprache mit dem Herrn in sich gehalten. Es war Levi, der Sohn Judas, der sich da erhob und zum Volke also sprach.

Das Leid ist groß, meine Brüder, denn Gott hat uns verlassen! Gott hat uns verlassen, weil wir im Glauben schwach geworden sind. Wir sind das auserwählte Volk und Rahel hat uns Gottes Wort gebracht. Das Wort des Glaubens und der Erlösung. Doch wir haben diese Worte vergessen und uns anderen Göttern zugewandt. Nun zürnt uns der Herr, da wir den heiligen Bund des Glaubens gebrochen und das Wort der Wahrhaftigkeit geschändet haben.

Zu ihm, unserem Herrn und Gott, müssen wir wieder finden, auf das der Bund erneuert und das Wort der Wahrhaftigkeit wieder heilig werde. Denn sein ist das Reich und die Kraft und die Herrlichkeit, in Ewigkeit, Amen. Und Amen sprach das Volk, denn das Volk fühlte sich wieder geborgen in der Seligkeit des Glaubens.

Aber Levi ermahnte das Volk: Wir haben den Herrn, unsern Gott erzürnt, da wir seine heiligen Gesetze brachen. Der Herr verlangt unser Opfer für die Vergebung unserer Sünden. Lasst uns im Gedenken an Rahel, der uns zu Gott brachte, ein Feuer entfachen um die Gnade des Herrn wieder zu erlangen. Gemeinsam wollen wir ratschlagen über die wahrhaftige Huldigung unseres Herrn, damit er unser Opfer annehme und den Bund erneuere.

Nahib, Abrahels Sohn, der die meisten Schafe zählte, erhob seine Stimme und sprach:
Ja, Opfer wollen wir bringen unserem Herrn und Gott, ihn zu besänftigen und seine Gnade zu erflehen. Lasst uns von nun an zu jedem neuen Mond zu Ehren unseres Herrn einen Widder schlachten. Sein Blut Gottes Durst zu löschen, sein Fleisch Gottes Hunger zu stillen und sein Herz Gottes Sanftmut zu beschwören.

So sprach Nahib, denn Nahib hatte die meisten Schafe und konnte so die größten Opfer an Gott bringen.
Das Volk lobte Nahibs Worte und Nahib war glücklich über diesen Einfall, denn Macht und Einfluss im Volk Gottes waren ihm gewiss.

Da aber erhob Zachiel, Debimechs Sohn, der geschickteste Handwerker aus dem Stamm, seine Stimme und sprach:

Unser Herr und Gott ist allmächtiger Herrscher über Himmel und Erde, so hungert und dürstet ihn nicht wie uns Menschen.

Aber Gott will unsere Lobpreisung und Huldigung, ihm zu zeigen wir sind sein Volk und seine Anhänger. So lasst uns Steine herbeischaffen, sonder an der Zahl, sie aufzuhäufen zu einem Tempel Gottes. Dies sei der Ort an dem wir Gott ehren und preisen wollen.

So sprach Zachiel, denn Zachiel war der Geschickteste aus dem Stamm und wäre somit der Herr über den Tempelbau.
Das Volk lobte auch Zachiels Worte, denn gewiss würde Gott sein Volk für diesen Tempel segnen.

Nun aber erhob Norad, Barams Sohn, seine mächtige Stimme, denn Norad war der stärkste Krieger im Volke. Und Norads Stimme donnerte über die versammelte Menge:

Ja, Gott der Herr ist allmächtig und wir wollen den Herrn durch unser Opfer gnädig stimmen. Doch den Herrn hungert und dürstet nicht und der Herr braucht auch keinen Haufen Steine zum Zeichen seiner Allmacht.

Wir sind das Volk Gottes und unsere Pflicht ist es, seine Gesetze zu ehren. Und das Gesetz Gottes ist der eine wahre Glaube. Und der wahre Glaube muss hinausgetragen werden in die ganze Welt, wie Rahel es uns aufgetragen hat. Denn die Welt gehört Gott und somit Gottes Volk. Wir sind das auserwählte Volk und das Blut der Ungläubigen sei unser Opfer an den Herrn!

So sprach Norad und das Volk jubelte ob seiner starken Worte.

Die wichtigsten Führer im Volke hatten gesprochen, nun aber entbrannte Zank über die wahrhaftige Lobpreisung Gottes. Denn Nahib wollte weder Steine schlichten, noch weiter diese blutigen Kriege führen. Und Zachiel hatte keine Schafe zu opfern und war ebenfalls kein Kriegstreiber.

Norad wiederum hatte weder Schafe, noch verstand er etwas vom Bauhandwerk.

Jeder der Redner entstammte einer angesehenen Familie mit großer Anhängerschaft und wollte Einfluss und Macht seines Stammes vergrößern.

Levi hatte sich alles angehört und wieder Zwiesprache mit Gott gehalten, dessen Stimme er immer deutlicher in sich vernahm, bis er sich nun mit einem Leuchten in den Augen erhob und zum Volke sprach:

Haltet ein Brüder aus dem Volke Gottes. Der Herr hat zu mir gesprochen wie er zu Rahel gesprochen hat, und so vernehmt sein heiliges Wort: Ihr seid mein Volk, mir ergeben im Glauben und somit erwählt zur Erlösung. Mein heiliger Geist ist in euch, um euch Gnade und Barmherzigkeit zu bringen. Euren Geist habt ihr hingegeben mir zu dienen, dafür segne ich euch mit der Kraft des Glaubens. Durch euer Opfer gebe ich euch das ewige Leben und für eure Hingabe schenke ich euch das Himmelreich.

Das Volk vernahm die Worte aus Levis Mund und das Volk sah das heilige Leuchten in Levis Augen und das Volk wusste, es waren wahrhaftig die Worte Gottes.

Und so sprach Gott weiter mit Levis Zunge:
Stark seid ihr durch den Glauben an mich, den Herrn euern Gott. Mein Glaube soll euch einen, doch ihr schwächt euch durch unsinnigen Zank. Alle seid ihr mein Volk und ich bin euer aller Gott. Wir sind Stamm von einer Wurzel, Fels vom gleichen Berg sind wir.
So will ich alle eure Opfer aus dem ganzen Volk. Ein Gott für das ganze Volk und das ganze Volk für den einen Gott!

Lobet und preiset den Herrn und opfert euer Vieh zur Stärkung des Herrn!

Lobet und preiset den Herrn und baut Tempel für euren einen Gott um auch euren Geist zu opfern!

Lobet und preiset den Herrn und führet seinen Namen als Schwert in die Reihen der Ungläubigen um ihr Blut als heiliges Opfer darzubringen!

So sprach Gott aus Levis Mund. Und Levi stand in der Mitte des Volkes und Levis Atem zitterte vor religiöser Ekstase, denn er hatte Gott in sich.

Levi breitete die Arme aus und das Volk sank ehrfürchtig zu Boden. Und Gott sprach abermals aus seinem Munde: Ihr seid mein Volk und aus eurem Opfer soll meine Gnade erwachsen und aus eurer Demut mein großer Sieg.

Alle Völker werden erzittern vor euch, meinem Volk. Ihr werdet das ängstliche Flüstern aus ihren Hütten hören, bevor ihr sie niedermacht: Sehet, welch ein starkes Volk! Ihr Vieh opfern sie nur einem Gott, Tempel bauen sie diesem einen Gott und ihre Feinde vernichten sie im Namen ihres Gottes.

Lasst uns fliehen oder auch an den einen Gott glauben, so werden sie flüstern im Volk. Und das Flüstern wird zum Donnerhall gegen ihre Fürsten anschwellen und sie werden niederknien vor der Macht Gottes. Denn es gibt nur einen Herrn und Gott, hier und jetzt, im Himmel wie auch auf Erden, und bis in alle Ewigkeit, Amen.

Und Amen sprach das Volk, denn es war das wahrhaftige Wort des ewigen Bundes und Gottes Geschenk an sein Volk.

Und Gott sprach weiter: Volk Gottes, ziehe hin mit meinem Segen, zum Ruhm und der Ehre eures einen Herrn!

Doch höret und vernehmet mein neues Gesetz: Mein Volk ist nur durch mich stark, denn im Grunde seines Geistes ist es schwach.

Doch der Glaube darf nicht wanken, denn ich bin euer Herr und Gott auf ewiglich. Mein Geist wird unter euch weilen und meine Stimme aus einem von euch sprechen. Dies sei euer Führer und Priester. So sei das Gesetz Gottes, meine Stimme aus dem Munde eines Priesters sei euer Befehl. Ihr seid die Schafe und der Priester euer Hirte in meinem Nahmen.

Dies sei das Gesetz Gottes und gleichzeitig der alte Fluch. Zum Priester berufen sei jeder auserwählte Geist. Der Auserwählte wird meine Stimme vernehmen und in der Welt verkünden. Manche Denkende unter den Auserwählten werden die alte Lüge erkennen, doch an ihr zerbrechen da sie jedweden geistigen Halt verloren haben.

Doch das Volk soll sich nicht kümmern darum. Das Volk soll den Priestern folgen, denn die Priester werden Manifest meines Geistes und Diener meines Willens sein.
Der Priester wird euch heilig sein, denn sein Wort wird als mein Wort gelten, jetzt und immerdar, bis in alle Ewigkeit, Amen!

So sprach Levi und das Volk weinte, denn Gott selbst hatte gesprochen und dem Volk Gnade und Vergebung gewährt.

Und wie aus einem Munde sprach das Volk: Levi, wir folgen dir als Priester Gottes, im Namen des Herrn, ihn zu ehren und ihm zu dienen.
Levi sei unser Hirte und führe uns durch die Dunkelheit. Sei das Licht unseres Glaubens, durch den wir die Erlösung finden und den Weg in das Himmelreich in Ewigkeit, Amen.

So hatte das Volk Levi zu seinem obersten Priester erwählt und Levi war erfüllt von der Macht seiner göttlichen Herrschaft.
Levi war erkoren zum Nachfolger Rahels und das Volk kniete in Demut vor ihm.

Und abermals sprach Levi zum Volk: Im Namen Gottes habt ihr mich zum Verkünder seines Wortes auf Erden gekrönt. Zum Ruhme des Herrn werde ich euch also führen und der Verwalter seiner heiligen Gesetze sein. Und Gottes Gesetze sollen jeden aus dem Volk erreichen, damit keiner aus dem Volk in der Dunkelheit verbleibt.

So will ich fürderhin jene auswählen, die auch die Stimme Gottes in sich vernehmen und diese Auserwählten zum Priesteramt verpflichten. Die Priester werden dem Volke dienen und das Volk durch Gottes Wort zur Erlösung führen.

Und so soll es geschehen: Gott wird mich die Auserwählten erkennen lassen durch ihren Glauben und durch ihr Opfer. Diejenigen, die reinen Glaubens sind und wahrhaftig Gottes Stimme in sich verspüren, werden vor meinen Augen und somit vor Gottes Augen ein heiliges Gelübde zum Dienste am Herrn ablegen. Dieses Gelübde ist der ewige Bund zwischen Gott und seinem Volk, der Priester opfert sein ganzes Leben diesem Bunde.

Und jeder Stamm aus hundert Mann soll einen Priester zum göttlichen Führer haben, der dem Stamm den Glauben und die Gesetze Gottes predigt. Und für zehn Stämme mit zehn mal hundert Mann soll es einen Oberpriester geben, der die Opferfeste leitet und dem Volk Leitbild des Glaubens ist.

Dem ganzen Volk aber gibt der oberste Priester seinen Segen, denn der oberste Priester wird von Gott selbst zu seinem Stellvertreter und Verkünder auf Erden erwählt.
Seine Worte sind heilig und unumstößlich, sie kommen direkt von Gott.

Und sollten im Volke Zweifel herrschen ob der Worte Gottes, sollt ihr zum obersten Hirten gehen, denn er wird euch die göttliche Wahrheit verkünden.

Und sollte Zwist herrschen unter den Stämmen, sollt ihr auch zum obersten Hirten gehen, denn er wird euch einen im Angesichte Gottes.

Und sollten fremde Völker andere Götter anbeten, sollt ihr auch zum obersten Hirten gehen, denn er wird euch in die Schlacht gegen die Ungläubigen führen, sie zu vernichten.

Und sollte ein Heiligtum unseres Gottes entehrt werden, sollt ihr auch zum obersten Hirten gehen, denn er wird die Sünder bestrafen im Namen des Herrn.

Und weil der Name des Herrn unseres Gottes heilig ist, darf er nur vom obersten Hirten genannt werden, alles andere sei Frevel.

Doch wir werden den geheimen Namen Gottes in Stein meißeln und diesen Stein verwahren, damit er uns für alle Zeiten begleiten und ewig dauern möge.
Und wir werden die Gesetze Gottes in Stein meißeln und diesen Stein verwahren, damit sie uns für alle Zeiten begleiten und ewig dauern mögen.

Und die Priester werden die heiligen Gesetze Gottes vor euch hertragen um dem Volk im Kampfe mit der Kraft Gottes beizustehen.
Denn mit Gottes Kraft werden wir die Ungläubigen vernichten, bis wir das Erdenreich für Gott erobert haben und Gott uns dann ins Himmelreich geleitet.
So hatte Levi gesprochen und Levi sah, dass das Volk glücklich war. Denn das Volk hatte eine göttliche Ordnung erhalten und würde durch den Glauben mit der Erlösung belohnt werden.

Levi hatte schon lange die Schwäche des Volkes erkannt: Das Volk war zu schwach um an sich selbst zu glauben.

Das Volk hatte das Bedürfnis zu glauben, an etwas Höheres zu glauben, das ihm die Angst vor der Ungewissheit nahm. Auch wenn es dafür Opfer bringen musste, und wenn dies der eigene Geist war.

Rahel war der Erwecker dieses Bedürfnisses und er, Levi der Auserwählte, war der Vollstrecker. Levi hatte als Weiser im Rate Hindus so viele Fragen, doch Hindu konnte ihm keine Antworten geben. Nun aber hatte sich Levi die Antworten selbst gegeben, denn er verspürte die heilige Kraft des Glaubens in sich.

Levi hob die Arme zum Himmel empor und sprach: Siehe Gott, dies ist dein treues Volk. Im Glauben an dich hast du uns stark gemacht. Dein Name sei gepriesen und unser Bund erneut besiegelt mit dem heiligen Wort der Wahrhaftigkeit. So gebe ich hin meinen Geist, um deiner Gnade und der Hoffnung willen. Der Hoffnung willen auf das ewige Leben und das Himmelreich!

Deine Stimme werde ich hinausführen in die Welt um die Gesetze des einzigen Gottes zu verkünden. Herr, gib deinem Volk den ewigen Segen um es auf alle Zeit zu deinem Volk zu machen. Denn dein ist unser Geist und dein ist unser Wille, jetzt und in alle Ewigkeit, Amen!

Und siehe, das Feuer Gottes brannte wieder in seinen Kriegern und dem ganzen Volke. Mit dem Stein gewordenen Gesetz Gottes zog das Volk hinaus, seine Bestimmung zu erfüllen. Stark war das Volk wieder im Glauben und geeint war das Volk wieder durch den Glauben.

Die Priester Levis führten das Volk an im Namen des Herrn. Und in göttlichem Eifer schwangen Jahwes Krieger das Schwert der Verkündung. Mit den heiligen Worten der Priester war Gott selbst auf dem Schlachtfeld, den Kämpfern beizustehen.

Und so fielen die Völker vor der Armee Gottes, denn kein Volk konnte dieser Macht widerstehen.

Die Macht lag im Glauben des Volkes. Und der Glaube des Volkes lag in den Worten Gottes. Und die Worte Gottes lagen in den Händen der Priester.

Und so hatten die Priester die Macht über das Reich Gottes auf Erden. Denn die Priester fühlten sich als Auserwählte und Stellvertreter Gottes.
Die Pflicht der Priester war die Verkündung, ihr Opfer die Wahrheit. Denn die Wahrheit wurde ertränkt mit dem Blute der Ungläubigen.

Und weiterfließen muss das Blut, denn noch ist das Himmelreich nicht zu den Menschen gekommen. Erkennen können sie nicht, dass die Erlösung aus dem Menschen selber kommen muss. Die Ewigkeit wartet auf die Menschheit, doch sie lässt sich nicht erobern, der Mensch muss sich die Ewigkeit erst erarbeiten.

Wann soll denn dies Elend zu Ende sein, dachte Dharma bei sich Tag und Nacht. Kein Gott kann eine Menschheit erwünschen, die sich ohne Mitleid abschlachtet.

Levi war doch ein kluger, einsichtsvoller Mann gewesen und sogar Mitglied im Weisenrat. Auch Hindu war ihm Freund gewesen, oft hatte Dharma die Beiden im Diskurs beobachten können.

So wollte Dharma versuchen, das Gewissen des obersten Priesters zu erwecken und verfasste ein Schreiben an ihn.

- Brief Dharmas an Levi -

Levi, mein Bruder!

Gruß und Segen entbiete ich meinem alten Stammesgenossen; mögen eure Ernten überreich und eure Weiber fruchtbar sein. Euer Vieh soll gemästet auf den Weiden stehen und eure Kinder verschont werden von Aussatz und Pestilenz.

Weh ist mir im Herzen, da wir euch verlassen mussten, doch das Schicksal bestimmte verschiedene Wege für unsere Stämme. Nie wieder werden wir die Wälder unserer Heimat erblicken; nur in Gedanken bleiben wir euch für immer verhaftet.

So nehmen wir auch Teil an dem Leid, dass unsere Brüder erdulden müssen. Euer Blut, das vergossen wird ist auch unser Blut und euer Hunger der euch martert ist auch unser Hunger. Sag, Levi, wäre es nicht Zeit, die Schwerter bei Seite zu legen und einen neuen Weg der Verkündung einzuschlagen?

In Frieden sind wir weggezogen, obwohl mein Vater sinnlos erschlagen wurde. Denn nicht noch mehr Blut sollte vergossen werden. Auch du, Levi, kennst die Heiligkeit des Lebens, auch euer Gott verkündete dieses Gesetz.

Du weißt, wir suchen einen Weg jenseits der Götter, den wir aus uns selbst erkunden wollen. Wohl ist uns aber bewusst, dass viele Menschen noch des Halts durch einen Gott bedürfen.

Daher wollen wir euch nicht belehren, sondern bitten, bitten um Toleranz und Mitgefühl aus dem Herzen eurer Menschlichkeit.

Verkündet bitte eure Lehren von der Kanzel der Barmherzigkeit, viele werden euch auf diesem Wege folgen.

Verkündet bitte eure Gesetze in Toleranz vor der
Verschiedenheit der Völker, im Göttlichen werden alle
Ansichten eins.

Verkündet bitte eure Gebote mit dem Worte der
Wahrhaftigkeit, der Wahrhaftige wird in sich ruhen und den
Geist des Herrn erfreuen.

Dies sind unsere Bitten zum Wohle unseres Volkes und zum
Wohle der Menschheit. Ich wünsche euch einen friedvollen
Weg zu eurem Gott und mit eurem Gott. Und ich wünsche
euch die Erlösung, die ihr euch doch so sehr erhofft.

In Demut vor dem Göttlichen grüßt seine Brüder und
Schwestern,
euer Dharma

--

Wohl las Levi die Worte dieses Schreibens, doch in seinen Geist
konnten sie nicht vordringen. Zu sehr war sein Geist schon
verblendet von dem Eifer seiner Mission und zu sehr war er
schon korrumpiert von den Verlockungen der Macht.

Nur im Herzen, da regte sich ein kleiner Funken der alten
Lehren von Harmonie und Wahrhaftigkeit. Aber zu lange hatte
Levi nicht mehr auf sein Herz gehört und so musste auch dieser
kleine Funke erlöschen.

Weiter lag Krieg und Verderben über der Menschheit, weiter
unterlag der Geist den Täuschungen seiner eigenen Schwächen.

Die Prophezeiung sagt aber, dass einer kommen wird, der den
Menschen die Augen öffnet. Und ein großes Wehgeschrei wird
sich über die Menschheit erheben, da sie erkennen wird, wie viel
unnötig Blut vergossen wurde.

Aus den Tränen der Verzweiflung aber wird erwachsen eine Hoffnung auf eine neue Zeit des Friedens und der Liebe. Und die Menschheit wird frei werden von allen Zwängen und sich aufmachen zu einer neuen Daseinsform des Geistes.

NUMERI

Das gelobte Land Kanaan war natürlich besiedelt, als die
Israeliten nach der langen Wanderung eintrafen. Es musste
daher erst erobert werden.

Um eine Armee aufzustellen wurden alle Wehrfähigen von 20
Jahren und darüber gemustert und gezählt (Numeri =
Zählungen). Einzig die Leviten mussten sich nicht der
Musterung stellen, da Gott sie wegen des Priesterdienstes davon
ausnahm.
„Als Gesamtzahl der Gemusterten ergab sich 603 550 Mann."
Num 1, 46

Dieses stattliche Heer benötigte große Mengen an Nahrung,
wodurch es zu Hungersnöten kam. In diesen Zeiten lehnte sich
das Volk gegen Gott auf, wie überhaupt Numeri ein
Wechselspiel zwischen Auflehnung, Strafe Gottes und
Vergebung darstellt.

„Wie lange soll das mit dieser bösen Gemeinde so weitergehen, die
immer über mich murrt? Ich habe mir das Murren der Israeliten lange
genug angehört. ... Hier in der Wüste sollen eure Leichen liegen
bleiben, alle ohne Ausnahme; jeder von euch, der gemustert worden
ist, wird sterben. ... Keiner von euch wird in das Land kommen.."
Num 14, 27-30

Auf dem Weg vom Berg Sinai bis zum Jordan, der die Grenze
zu Kanaan darstellte, starben durch Krieg oder die Strafe Gottes
tatsächlich alle Krieger. Erst die Nachgewachsenen fielen nach
einer zweiten Musterung in das Land ein.
„Unter ihnen war niemand mehr von denen, die Mose und der Priester
Aaron in der Wüste Sinai gemustert hatten." Num 26, 64

Schon am Jordan werden einige Eroberungen gemacht, wo sich dann die Stämme der Rubeniter, der Gaditer und der halbe Stamm Manasse niederlassen.

Die Verteilung der weiteren Landnahme erfolgt dann durch das Los über je einen führenden Mann aus jedem Stamm. Gott selbst legt dabei die Grenzen Kanaans fest:

„Eure Südgrenze soll von der Wüste Zin aus an Edom entlang verlaufen, und zwar soll sie vom Ende des Salzmeeres im Osten (Totes Meer) ausgehen. ... Eure Grenze im Westen soll das Große Meer (Mittelmeer) mit seinem Strand sein. ... " Num 34, 3-12

Interessant ist noch, dass Gott die Einrichtung von Asylstädten vorgesehen hat, in denen Blutrache tabu ist. „Dorthin kann einer fliehen, der einen Menschen ohne Vorsatz erschlagen hat" Num 35, 11

Außerhalb der Asylstädte ist Blutrache jedoch erlaubt, auch wenn ein Totschlag ohne Vorsatz stattgefunden hat.
„Wenn der, der getötet hat, das Gebiet der Asylstadt verlässt, in die er geflohen ist, und der Bluträcher ihn außerhalb seiner Asylstadt trifft, darf dieser den, der getötet hat, umbringen; dadurch entsteht ihm keine Blutschuld." Num 35, 26

NEO NUMERI

Also war Dharma mit seinem Stamme auf dem Weg zu einer neuen Heimat und zu einem neuen Geiste. Erschaffen, entflammen wollte Dharma den neuen Geist zum Wohle einer neuen Menschheit.

Doch wo beginnen? Führten viele Wege oder nur einer zum hohen Geiste, zu einem Geiste über dem jetzigen hinaus? Entwirren wollte Dharma die Schalen des Geistes, einer Zwiebel gleich, um dann das Wesentliche, den Geisteskern befreien zu können. Denn das Wesentliche war verschüttet, verborgen und entstellt vom Unwesentlichen - den Ängsten und Nöten, den Fragen und Zwängen des Alltags.

Reinigen wollte Dharma den Geist von allem Übel, polieren den Kern des Geistes, damit er erstrahle als Stern der neuen Menschheit.
Und so dachte Dharma bei sich: Der Mensch fühlt sich nur wohl im Bekannten, fürchtet sich aber vor dem Unbekannten. Alle sind sie hinterhergelaufen diesem Rahel, dem Mörder und Verblender, weil er dem Unbekannten einen Namen gab. Und dieser Name war Gott. Und Gott war die Erklärung für alle Existenz und Gott war der Erlöser von allen Ängsten.
Der Geist gab hin seinen freien Willen und war verdammt zu Stagnation und Versklavung.

Aber Dharma lebte lieber im Zweifel als in dumpfer Stagnation. Und im Zweifel lag die schöpferische Kraft und Herausforderung des Denkens. Der Zweifel formt den Menschen, jede neue Frage bringt ein neues Bild der Welt.

Hindu, Dharmas Vater, lehrte die äußere Harmonie mit der Umwelt und die innere Harmonie des Geistes.

Die Basis dieser Lehren waren Überlieferungen und Erfahrungen; im Einzelnen hingenommen, jedoch nicht verwoben zu einem Ganzen.

Die Natur hatte ihren eigenen Lauf und der Mensch gliederte sich darin ein. Die Sonne ging auf und ging unter, der Mensch erwachte bei Sonnenaufgang und begab sich zur Ruhe bei Sonnenuntergang.

Die Jahreszeiten wechselten und der Mensch pflanzte die Saat im Frühling, mästete das Vieh im Sommer, holte die Ernte ein im Herbst und zehrte von den Reserven im Winter.

Auf den Wanderungen wechselte die Landschaft, doch mit den Erfahrungen der Weisen fand das Volk auch Nahrung im Gebirge, konnte das Volk in der Wüste seinen Durst stillen und war das Volk sicher vor wildem Getier in dunklen Wäldern.

Aber in widrigen Zeiten wurde der Geist des Menschen vom Dämon der Angst beherrscht.
In der Hitze einer schrecklichen Dürre wurde die Sonne zum grausamen Feuerdrachen.
In der Kälte eines viel zu langen Winters wurde das Land von unbarmherzigen Frostriesen heimgesucht.
Und in der Undurchdringbarkeit eines wilden Waldes fürchtete das Volk um seine Seelen, die von den Baumkönigen eingefordert wurden.

Die Aufgabe des Weisen war es, Gut und Böse auszugleichen und die alte Harmonie wieder herzustellen.

Was aber, wenn die Naturgeschehnisse nicht nur gefühlsmäßig zu erfahren wären? Wenn es Mittel und Wege gäbe, die Natur exakt zu beschreiben?

So ließ Dharma seine Gedanken schweifen. Denn jeden Tag bei Sonnenuntergang saß Dharma eine Stunde nackt im Grase um nachzudenken über den Lauf der Weltendinge. Denken war Dharmas Pflicht und der freie Wille seine Kraft. Die Herausforderung aber war ein neuer Blick auf die Welt und die Geburt eines neuen Geistes.

Es war dies auch die Zeit für die Übungen zur Stärkung des Körpers und zur Harmonisierung des Geistes, die sein geliebter Vater ihm gelernt hatte. Tanz und Kampf zugleich waren diese Übungen, gelenkt durch einen starken, freien Geist.

Und im Überschwang der Gefühle, da Dharmas ganzes Wesen sich in Aufruhr befand, sang er sein Lied des Lebens, sein Lied der Suche.

- Hymne Dharmas an das Leben -

Grenzenloser Geist, so groß und frei
der Kopf voll Leben, Träumen, Bildern, Zauberei
Welten selbst erschaffen – Visionen
sich verlieben, Euphorie, Trauer – Emotionen
Alles möglich, alles machbar
du selber bist Gott und nichts ist strafbar

Wundersamer Körper, so stark und schnell
Blut, du Lebenssaft, pochst durch jede Zell´
Beine laufen gegen den Wind in die Sonne
die Haut spürt ihre Strahlen voller Wonne
Sehen, hören, riechen, schmecken
Geist und Körper in Harmonie gen Himmel recken

Die Möglichkeiten so schön und glückverheißend
doch das Leben oft schwarz und herzzerreißend
Wir leben, schaffen und vergehn
wer hat schon das Licht gesehn
Anfällig für kleine Launen, Schwächen, Triebe, Angst und Neid
das Glück vergeht, was bleibt ist Leid

Ich weiß, erkenne meine Lage
dass für Lächerliches ich mich plage
Gern nenne ich Leute ohne Visionen
kleine Menschen, Würmer, Arbeitsdrohnen
Doch selbst hänge ich auch an vielen kleinen Dingen fest
vielleicht sind diese auch nur Schicksalstest

Ich will, ich will, ich will es schaffen
mich lösen, frei sein, Licht der Ewigkeit erhaschen
Grenzen, die mir den Weg dorthin verwehren
will ich überflügeln in andere Sphären
Will im Leben Großes noch erstreiten
endlich verdrängen die vielen kleinen Ängste, Zwänge,
Nichtigkeiten!

--

Entrückt drehte Dharma sich im Kreise und sang und sang sein
Lied, bis der Atem ihn verließ und er sich zur Rast unter einen
Baum setzen musste.

Dharma nahm die Schnur, welche sein Gewand gürtete, in die
Hand und drehte und wendete sie gedankenversunken bis sein
Atemfluss sich wieder beruhigt hatte. Dann legte Dharma die
Schnur zu Boden und bildete einen Kreis damit. Er stellte sich
in die Mitte des Kreises und betrachtete den Kreis ringsherum.

Es gab weder Anfang noch Ende. Und auch die Welt, so schien
es seinem Geiste, hatte weder Anfang noch Ende. Doch
obwohl der Kreis weder Anfang noch Ende hatte, war der Platz
den der Kreis umschloss auf jeden Fall begrenzt.

Dharma machte nun einen Schritt und war außerhalb des
Kreises. Er betrachtete das Gebilde von außen und dachte bei
sich: Dies ist wohl ein Abbild der Welt. Wir Menschen befinden
uns immer auf der Linie des Kreises und finden nicht Anfang
und nicht Ende.

Und solange wir uns auf dieser Linie befinden, erkennen wir nicht die Begrenztheit unserer Welt und erkennen auch nicht die Möglichkeit anderer Welten.

Wenn wir uns aber lösen können von diesem scheinbar unendlichen Kreis unseres Nichtwissens, erfahren wir die wahre Beschaffenheit der Welt.
Zuerst steht der Schritt nach draußen, die Befreiung von den Grenzen. Die jeweilige Erfahrung und angenommene Wahrheit hängt nur vom Ort des Betrachters ab. Gefangen in der Begrenztheit kann nur die Umgebung analysiert werden, nicht aber das große Ganze.

Dharma war nun auf die Linie des Kreises getreten und tat einen Schritt vor den anderen. Wie Dharma wohl wusste, konnte er Schritte tun, solange seine Füße ihn tragen konnten und würde doch nie ein Ende erreichen. So legte Dharma einen Stein an den Kreis und begann, seine Schritte zu zählen bis er den Stein wieder erreichte.

Zehn Schritte vom Stein und wieder zum Stein. Dharma hatte dem Endlosen einen Anfang und ein Ende gegeben und die Zahl dazu war Zehn. Dann ergriff Dharma die Schnur, öffnete den Kreis und bildete eine gerade Linie.
Wieder zählte er die Schritte vom Anfang bis zum Ende und wieder war die Zahl Zehn.

Die Gerade war also gleich dem Kreise, obwohl die Form eine andere war. Und wie schmerzlich Dharma doch wusste, dass der Mensch sich von Aussehen und Form täuschen ließ. Aber mit dem richtigen Gedanken war es einfach, eine Form durch eine andere zu beschreiben. Und was im Kleinen möglich war, sollte doch auch im Großen, in der ganzen Welt, möglich sein - auf das richtige Maß kam es an!

Ja, wahrhaftig! Mit dem richtigen Maß wollte Dharma erlernen, die ganze Welt zu beschreiben. Wenn alle Geheimnisse der Welt erforscht waren, konnte es keine Furcht mehr geben vor dem Unbekannten; die Erlösung war das Wissen.

Noch einmal bildete Dharma einen Kreis um seine Gedanken zu sammeln. Und als Dharma wieder den Kreis betrachtete, dachte er bei sich: Dieser Kreis ist nicht nur ein Symbol für die greifbare Welt, dieser Kreis ist auch ein Symbol für die Geisteswelt. Die Gedanken bewegen sich endlos auf der Kreislinie, ewig nach dem gleichen Muster. Und im Inneren der Kreislinie ist die Fläche des Wissens, begrenzt durch die Fähigkeiten des Verstandes.

So erkannte Dharma das Gesetz der Beobachtung: von innen betrachtet war alle Wahrheit subjektiv; nur von außen betrachtet konnte objektive Wahrheit erfahren werden.

Dieses Gesetz galt für die körperliche Welt und galt auch für die geistige Welt. Gleich wie wir die Welt von außen beobachten müssen, um sie zu erkennen, müssen wir unseren Geist von außen beobachten um ihn wahrhaftig zu erkennen. Nach außen mussten Geist und Wille drängen um den neuen Geist zu erschaffen und nach außen zu den Sternen musste der Mensch drängen um der Menschheit ein neues Bild über die Welt zu verschaffen.

Eins zum Anderen wird sich fügen, sodass wir dem Lauf der Weltendinge nicht mehr ratlos gegenüberstehen müssen. Wenn mir eine Zahl den Weg von hier zum nächsten Baum beschreiben kann, dann wird unser Stamm auch Zahlen erdenken, die uns alle Wege bestimmen können.

Alle Wege der Erde, alle Höhen und Tiefen, alle Längen und Breiten wollen wir ermessen lernen.

Und die Erde soll nicht das Ende sein, auch die Rätsel der Sonne und aller Gestirne werden wir schließlich mit den Zahlen entschlüsseln.

Diese Aufgabe wird wohl meinen Nachkommen vorbehalten sein, doch ich will den Grundstein dazu legen. Mit meinen Brüdern und Schwestern werde ich mich herstürzen über die Zahlen, wie sich andere herstürzen über ihre Feinde. Doch nicht Blut, nur Tinte wird unser Stamm reichlichst vergießen.

Und am Ende, wenn die Kinder Exodus' alle Wege vermessen haben, vielleicht finden sie dann auch die Mittel, diese zu beschreiten. Hinaus zu den Sternen soll sie mein Segen begleiten, die Antworten zu finden zu den letzten Fragen.

Dieses große Ziel sollte dann alle Völker einen, jenseits ihres Glaubens. Denn welche Aufgabe könnte von göttlicherer Natur sein als eine geeinte Menschheit auf dem Weg zu den Sternen?

Die Zahl war also das Maß, die Welt zu beschreiben. Und die Maße hatten ein Gesetz und dieses Gesetz war die Physik.

Der Geist aber war mit anderem Maß als der Zahl zu messen und zu beschreiben mit Gesetzen über die Physik hinaus. Dieses Maß und diese Gesetze der Metaphysik musste Dharma noch finden um seine Bestimmung zu erfüllen.

Doch was in der Welt zu messen war, sollte gemessen werden und was in der Welt zu ergründen war, sollte ergründet werden. Und wenn alles Messbare gemessen, alles Ergründbare ergründet war, blieben nur die letzten Rätsel der Metaphysik zur Lösung durch den Geist.

Dharma wusste nicht, ob er das rechte Maß des Geistes finden würde; aber vorerst war genug zu tun, die Welt anhand der Zahlen zu vermessen.

Denn mit einer Welt aus Zahlen konnte den Menschen die Angst vor dem Unbekannten genommen werden. Vor einer Zahl hatte kein Mensch Angst. Nur vielleicht vor dem Erlernen, da das Mysterium der Zahlen immer den Weisen vorbehalten war.

Dharma sah es nun als seine große Pflicht und Aufgabe, das Volk im Geist zu schulen und auch zu schulen im Umgang mit der Zahl. Jeder aus seinem Stamme sollte sich von nun an in den Zahlen üben, um die Welt begreifen zu lernen. Eine einzige Zahl kann schon das Unbekannte verringern und jedes neue Wissen kann die Angst besiegen.

So ging Dharma zurück zum Lager und versammelte seinen Stamm um sich. Und Dharma sprach:

Hört mich an, ihr, vom Stamme Exodus! Freiwillig sind wir ins Exil gegangen, da wir unseren freien Willen nicht opfern wollten dem herrschsüchtigen Gotte Rahels. Stolz sind wir auf unseren freien Willen und stolz sind wir auf unser freies Leben. Noch haben wir die neue Heimat nicht gefunden. Und noch lange haben wir unsere Pflicht zur Suche nach Wahrhaftigkeit nicht erfüllt.

Auch unseren Geist plagt manch Zweifel über Tod und Leben, über Sinn und Streben. Doch wir haben uns entschlossen, unseren Geist nicht dem Zweifel hinzugeben. Nein, wir sehen im Zweifel die Herausforderung, die Herausforderung zur Schaffung eines neuen Geistes. Und dieser neue Geist wird ohne Angst und ohne Zweifel einer neuen Menschheit Stern sein.

Es ist der Stern des Übergeistes! Vom Geist zum Übergeiste will ich euch also führen. Denn der Übergeist liegt jenseits der Grenzen unseres jetzigen Geistes. Niederreißen werden wir diese Grenzen, die wir nicht zu überschreiten wagten.

Ja, auch nicht überschreiten konnten, da wir uns endlos gefangen im gleichen Gedankenkreise drehten.

Der Weg vom Geist zum Übergeiste führt über die Brücke der Erkenntnis. Wir müssen unseren Geist bis ins tiefste Innere beobachten und erkennen. Dann erst können wir die Grenzen sprengen und den Stern des Übergeistes zum Leuchten bringen. Doch es fehlt uns noch das richtige Maß den Geist zu ergründen.

So wollen wir zuerst die Welt ergründen. Denn viele Rätsel der Natur überfordern unseren Geist, so dass wir nicht zum Wesentlichen vordringen können. Ich sage euch, wir können noch nicht den Geist im Innersten ergründen, wir können aber die Welt ergründen.

Das Maß dafür ist die Zahl! Jede Form in der Welt ist durch andere Formen zu beschreiben und das Verhältnis der Formen zueinander bestimmen Gesetze der Zahlen.
Und diese Gesetze der Zahlen sind rein durch die Vernunft zu ergründen. Wir werden Wissen sammeln, bis die Welt im Kleinen und im Großen offen vor uns liegt und nichts Unbekanntes uns mehr ängstigt.

Dann stehen wir vor den wirklichen Rätseln des Unmessbaren und Unzählbaren. Diese Rätsel sind der letzte Abgrund zwischen Geist und Übergeist. Haben wir diese Schlucht erreicht, müssen wir auch das richtige Maß zur Ergründung des Geistes gefunden haben, sonst bleiben wir hängen zwischen Geist und Übergeist. Ja, wir bleiben hängen am Felsen, der Verzweiflung heißt.

Und dies wäre unser Verhängnis! Denn Zahl ohne Geist ist Verstand ohne Seele. Die Zahl erklärt uns die Welt, aber das wahre Ziel ist der Übergeist.

Verlassen wir den Pfad zum Übergeiste ist die Menschheit
verloren; der freie Wille wäre dahin.

Am letzten Abgrund wird es entschieden: Wenn wir mit den
Zahlen die Welt bis zu den letzten Rätseln ergründet haben und
wir nicht zum Übergeiste finden, wird auch unser Stamm
Rahels Gott anheim fallen.

Und noch eins sage ich euch: die Zahlen werden uns viele
Antworten über die Natur geben und durch das Verständnis der
Natur werden wir zu großem Wohlstand gelangen. Aber stellt
niemals die Zahl über die Natur. Denn die Zahl lebt nicht, die
Zahl dient nur der Erklärung.

Leben ist die ganze Natur und Harmonie ist das ganze
Universum. Die Natur soll uns heilig sein, denn sie hat ihre
eigene Schöpferkraft. Aus dieser Schöpferkraft sind auch wir
Menschen hervorgegangen; deshalb dürfen wir uns nicht über
sie stellen.

Und so sei unser erstes Leitbild: Der Mensch soll nicht
herrschen und nicht richten über die Natur, denn aus der Natur
sind wir hervorgegangen und in der Natur vergehen wir auch
wieder!

Wir kennen nicht die wundersamen Wege des Lebens und auch
wenn wir sie erforscht haben sollten, so bleibt es doch Gesetz,
dieses Wissen nicht anzuwenden. Unser Weg heißt
umzuformen den Geist zum Übergeiste, nicht die Natur zu
einer Übernatur.

Denn Übernatur ist entartete Natur! Mannigfaltig ist das Leben
und unzählbar die Wechselwirkungen zwischen allen
Lebensformen; eine Vermessenheit wäre es, in diese Harmonie
einzugreifen.

Ein steiniger Pfad ist es zum Übergeist! Viele Verlockungen liegen auf diesem Weg, nicht nur Rahels Erlösergott. Dereinst, wenn die Zahlen ihre Rätsel preisgegeben haben, wird es ein Leichtes sein, Reichtum aus der Natur zu ziehen. Doch nehmt nur das Notwendige und nicht das Übermäßige. Das Übermaß ist die Eitelkeit der Schwachen, der Stolz der Minderen.

Wenn ihr sie ausbeutet, die Natur, korrumpiert ihr damit euren Geist und dies ist der Tod des Übergeistes. Sterben wird der Übergeist in der verbrannten Erde eurer Ausbeutung. Die Luft, rauchgeschwängert vom Feuer der letzten Bäume, wird euren Kindern den Atem rauben. Und einst frisches Wasser, geschändet durch allzuviele Asche, wird eure Därme martern.

Der freie Geist bedarf einer freien Natur zu seiner vollen Entfaltung. Darum wollen wir sie ehren und pflegen, unsere Mutter Natur, und dies auch unsere Kindern lehren. Denn für alle Zeiten soll unser Volk in Einheit und Liebe mit der Natur koexistieren.

Dies, meine Brüder und Schwestern, ist keine Prophezeiung, denn ich bin kein Prophet. Ich bin Sohn meines Vaters und Hüter seiner Lehren. Meine Gedanken habe ich euch mitgeteilt, sie können richtig aber sie können auch falsch sein.

In unserem Stamme soll darüber nicht gestritten werden, denn gemeinsam sind wir auf der Suche nach Wahrhaftigkeit und gemeinsam formen wir unsere Lehren.
Mit meinem Geiste diene ich dem Stamm und mit meinem Willen hoffe ich, den letzten Abgrund zum Übergeist überwinden zu können.

Höret aber bedächtig auf die Wahl meiner Worte! Nicht den Weg vom Mensch zum Über-Menschen, zu einer Rasse über den Menschen hinaus, verkünde ich euch.

Nein, ich verkünde euch den Übergeist, einen Geist über den jetzigen Geist hinaus, den jeder Mensch aus sich selbst erfahren können soll.

Es gibt so manchen, der seinen eigenen Stamm aber mehr noch seine eigene Rasse als Ideal über alle anderen stellt und dies zum Vorwand nimmt, das Fremde zu verfolgen.

Der Niederste der Niederen wird gerne diesen Lehren folgen, fühlt er sich doch vom Leben benachteiligt und sucht die Schuld dafür beim Fremden.
Aber auch der Höchste der Hohen kann, wenn sein Geist nicht immer wach und offen ist, vom Dämon der Verhetzung eingenommen werden, hört er doch gerne seine Überlegenheit bestätigt.

Deshalb stellt euch nicht über die Anderen; im Streben nach Überlegenheit wird es stets Grund und Ursache für Verfolgung und Krieg geben.

So wie wir nicht umformen wollen die Natur zu einer Übernatur, da diese entartet und abscheulich wäre, so wollen wir auch nicht umformen den Menschen zu einem Übermenschen, denn ebenso entartet und abscheulich würde uns dieser entgegentreten.

Die Reinheit liegt in der Erhebung des Geistes. Der Übergeist unterliegt nicht der Entartung, denn Eins ist er mit allem Sein. Harmonie ist seine ureigenste Natur, die Kraft zieht er einzig aus der Schöpfungsenergie, die immer schon da war.

Jedem Menschen wollen wir zeigen diesen Weg zur Freiheit, keinem unsere Lehren vorenthalten. Entscheiden muss der Einzelne dann selber, wie weit er gehen will; denn der Weg zum Übergeist führt über den freien Willen, nicht über den Zwang.

Und wenn der Geist dann aufgeht im Übergeist, wird ein Lachen erschallen über der ganzen Erde. Lachen wird der Übergeist, da es keine Grenzen mehr gibt für ihn. Der Weg ist dann frei zu allen Sternen und über die Sterne hinaus, nur die Ewigkeit als Grenze.

Aber am Ende, da wird der Übergeist auch überwinden die Grenze zur Ewigkeit und eins werden mit ihr und dann wird lachen das ganze Universum.

An diesem Tage wird unser langer Weg zu Ende sein und unser Lohn und unsere Erlösung wird dieses Weltenlachen.

Das Volke Exodus hatte Dharmas Worten gelauscht und das Gesagte wurde mit der Vernunft und auch mit dem Gefühl abgewogen. Es waren gute Männer und Frauen; im Geiste Hindus erzogen und bereit, im Geiste Hindus zu leben und im Geiste Hindus zu sterben.

Der Stamm sah in Dharma den wahrhaftigen Sohn seines Vaters und war bereit, auch im Sinne Dharmas zu leben und im Sinne Dharmas zu sterben.

So sprach das Volk zu Dharma: Du, Dharma, bist wahrlich der Sohn Hindus, unseres Weisen.
Wir haben uns dir angeschlossen auf der Suche nach Wahrhaftigkeit und so wollen wir deinen Lehren folgen.

Auch wir sind stolz auf unseren freien Willen und sind stolz auf die Größe des menschlichen Geistes. Gemeinsam wollen wir am Geiste und im Geiste arbeiten zur Überbrückung aller Grenzen in der Welt und auch im Geiste.

Nicht die Angst vor Gott, der Wissensdurst treibt uns voran. Entreißen werden wir der Welt ihre Geheimnisse, die viele unter uns so lange ängstigten.

Doch Recht hast du, Dharma, Natur und Leben sollen stets über allen Dingen stehen, so wie es immer war und auch auf alle Zeiten sein soll.

So zog der Stamm weiter, der neuen Heimat entgegen; doch nun gestärkt durch die Lehre der Zahlen und den Willen zum Wissen.

Und in weiter Ferne war ein kleines Strahlen schon zu erkennen, vom Stern der Übergeist hieß.

DEUTERONOMIUM

Den Abschluss des Pentateuch bildet das Buch
Deuteronomium (Zweites Gesetz). In diesem Text legt
Mose zum zweiten Mal die Gesetze vom Sinai dar. Er
tut dies kurz vor seinem Tod, noch vor dem Einzug
nach Kanaan, da Gott ihm verkündet hat, dass er selber
nicht mehr dieses Land betreten wird.

Das Volk soll im Glauben gefestigt werden, damit es
keinen Götzen dient und der Bund mit Gott erhalten
bleibt. Ein mahnender Ausblick warnt das Volk vor
einer unheilvollen Zukunft beim Abfall von Gott:
„Der Herr wird euch unter die Völker verstreuen. Nur einige
von euch werden übrig bleiben in den Nationen, zu denen
der Herr euch führt. Dort müsst ihr Göttern dienen,
Machwerken von Menschenhand, aus Holz und Stein."
Dtn 4, 27

Um das Volk gottesfürchtig zu erhalten ist das
Deuteronomium. sehr streng und drohend verfasst,
Zweifel und Frevel werden mit Gottes Strafe geahndet:
„Bei denen, die mir Feind sind, verfolge ich die Schuld der
Väter an den Söhnen und an der dritten und vierten
Generation." Dtn 4, 9 (an späterer Stelle in der Bibel wird
Sippenhaftung abgelehnt: „Die Väter sollen nicht für die
Kinder noch die Kinder für die Väter sterben, sondern ein
jeder soll für seine Sünden sterben." Dtn 24,16)
„Den Herrn, deinen Gott, sollst du fürchten; ihm sollst du
dienen, bei seinem Namen sollst du schwören." Dtn 6, 13

„Du wirst alle Völker verzehren, die der Herr, dein Gott, für
dich bestimmt. Du sollst in dir kein Mitleid mit ihnen
aufsteigen lassen." Dtn 7, 16

Das schlimmste Vergehen ist natürlich der Bruch mit
Gott, selbst wenn dieser von den nächsten Angehörigen
erfolgt:
„Wenn dein Bruder, dein Sohn oder deine Tochter … dich
heimlich verführen will und sagt: Gehen wir hin und dienen
wir anderen Göttern … sollst du keine Nachsicht für ihn
kennen und die Sache nicht vertuschen. Sondern du sollst
ihn anzeigen. Wenn er hingerichtet wird, sollst du als Erster
deine Hand gegen ihn erheben, dann erst das ganze Volk."
Dtn 13, 7-11

Nur bei absoluter Gottestreue erfährt das Volk die
Liebe und Barmherzigkeit des Herrn in vollem Maße:
„ … dann gebe ich dem Land seinen Regen zur rechten Zeit
… und du kannst Korn, Most und Öl ernten … dann gebe ich
deinem Vieh sein Gras auf dem Feld und du kannst essen
und satt werden." Dtn 11, 13-15

Aber auch Gebote der Fairness und Nächstenliebe zu
Bedürftigen werden dargelegt:
„Du sollst ihm etwas geben, und wenn du ihm gibst, soll
auch dein Herz nicht böse sein … Die Armen werden
niemals ganz aus deinem Land verschwinden. Darum mache
dir zur Pflicht: Du sollst deinem Not leidenden und armen
Bruder der in deinem Land lebt, deine Hand öffnen."
Dtn 15, 7-11
„Du sollst das Recht nicht beugen. Du sollst kein Ansehen
der Person kennen." Dtn 16, 19

„Wenn es um ein Verbrechen oder ein Vergehen geht, darf
ein einzelner Belastungszeuge nicht Recht bekommen."
Dtn 19, 15

Bevor Mose starb beschwor er das Volk, auch die
nachfolgenden Kinder den Gesetzen Gottes zu
verpflichten und sprach dann einen Segen über alle
Israeliten aus.

NEO DEUTERONOMIUM

Das erste Leitbild Dharmas war: Der Mensch soll nicht
herrschen und nicht richten über die Natur, er soll leben in
Harmonie mit ihr.
So hatte es auch sein Vater Hindu gelehrt und so sollte es im
Volke Exodus auf alle Zeit gelehrt werden.

Das zweite Leitbild Dharmas aber bezog sich auf den
Menschen selber: Der Mensch hat einen freien Geist und der
Mensch hat einen freien Willen!
Und die Getreuen Dharmas wussten, dies ist die wahre Natur
des Menschen.

Dann trat Dharma vor das Volk und verkündete das dritte
Leitbild: Wir wollen benutzen den freien Geist und den freien
Willen und wir wollen arbeiten an dem freien Geist und an dem
freien Willen!
Und die Getreuen Dharmas wussten, dies ist der wahre Weg
des Menschen.

Dharmas Herz war erfreut, denn sein Stamm war weise genug
die rechten Dinge zu erkennen und sein Stamm war auch willig
genug den schwierigen Weg der Suche zurückzulegen.

Trotzdem lag viel Verführerisches in Rahels Worten und so
legte Dharma das Blendwerk Rahels dem Volke zum zweiten
Male dar:

Das erste Gesetz Rahels war: Es gibt den einen Gott und es gibt
nur den einen Gott. Und diesen einen Gott soll das Volk loben
und preisen.

Das zweite Gesetz Rahels aber war: Du sollst nicht hinterfragen
deinen Glauben und du sollst nicht zweifeln an deinem Gott.

Denn wer wanket im Glauben, der wird hingerafft von Gottes strafender Hand.

Und mit diesem zweiten Gesetz Gottes nahm Rahel dem Volk den letzten Rest von freiem Geist und auch den letzten Rest von freiem Willen.

Noch andere Gesetze seines Gottes auferlegte Rahel dem Volk, denn Rahel wusste wie notwendig es war, die Menschen zu disziplinieren.

Doch seht sie euch an, diese Gesetze; wir kennen sie gut von meinem Vater und den Weisen vor ihm. Für jedes Volk gibt es bestimmte Grundgesetze, die für einen Zusammenhalt der Gesellschaft notwendig sind und immer gelten werden.

„Du sollst nicht töten!" Das schönste Gesetz von Rahels Gott, aber auch das am wenigsten Befolgte. Und war es nicht schon von jeher auch unser wichtigstes Stammesgesetz: Du sollst nicht erheben die Hand gegen deinen Nächsten.

Ja, wir waren wohl oft im Krieg und mussten unsere Feinde erschlagen, doch im eigenen Stamme war Mord das schlimmste Verbrechen. Und auch einen Feind ohne Grund zu töten ist ein Verbrechen, denn alles Leben ist heilig. Die Heiligkeit des Lebens ist ein Grundgesetz der Natur und „du sollst nicht töten" ist ein Grundgesetz aus der Natur des Menschen. Und was ist die Natur des Menschen – sein Bewusstsein.

Uns selbst und unsere Umwelt erfahren wir durch das Bewusstsein; dadurch erkennen wir den hohen Wert des Lebens und seine Heiligkeit. Das Tierreich kennt diese Werte nicht, denn es wird hauptsächlich durch zwei Instinkte gesteuert, den Überlebenswillen und den Fortpflanzungstrieb.

Ein neuer Rudelführer der Löwen wird die Jungen seines Vorgängers töten, damit alleine sein Samen vererbt wird. Der Löwe entscheidet aber nicht bewusst, seine Natur befiehlt es ihm.

Auch in uns Menschen stecken viele dieser Triebe, denn hervorgegangen ist der Mensch selbst aus der Natur. Der Mensch ist kein Sondergeschöpf, nur ein besonderes Geschöpf der Natur und das Besondere ist sein Bewusstsein.
Nur durch das Bewusstsein heben wir uns vom Tierreich ab, ansonsten sind wir noch immer der Natur verbunden und ähneln ihr in vielem.

In uns fließt ähnliches Blut wie im Tiere, wir haben Augen, Zähne, Knochen und auch die Gestalt gleicht manchem Vieh - am häufigstem leider dem Schweine.

Aber wir Menschen können mit dem Bewusstsein mögliche Entscheidungen bewerten. So entstanden unsere moralischen Grundgesetze und diese Gesetze der menschlichen Natur gelten jenseits aller Götter.

Unser Ziel heißt Wahrhaftigkeit und Wahrhaftigkeit heißt, die richtigen Entscheidungen treffen. Und die richtigen Entscheidungen kommen aus dem Bewusstsein, nicht aus den Trieben. Das Bewusstsein muss stärker sein als alle Triebe, zum Beweise der wahren Menschlichkeit.

Jeder Sieg der Triebe ist eine Niederlage der Menschlichkeit; jedes Nachgeben im Bewusstsein ein Absturz auf dem Weg zum Übergeist.
Ihr sollt nun nicht eure Gefühle verleugnen, denn Gefühle sind das Hohe im Menschen, Triebe aber das Niedere. Gefühle wie Liebe, Freundschaft und Mitgefühl sind die Essenz des Menschseins; Triebe aber wie Gier und Missgunst sind das Gift im menschlichen Geist.

Auch die Sinneslust sollt ihr nicht verleugnen, sie ist ein Ausdruck des Lebens selbst. Wenn du dein Weib begattest, haben zwei Körper und zwei Seelen zur gemeinsamen Befriedigung zueinander gefunden. Dieser Akt der Körperverschmelzung ist ein Zeichen der Hingabe an das Leben, erhöht fühlst du dich im Geiste und in allen Seinsempfindungen.

Erniedrigen aber wirst du deinen Geist wenn du dich einer anderen Lust hingibst, der Mordeslust. Die Mordeslust entweiht das Leben und sterben wird auch der Keim des Übergeistes.

Wenn das Gesetz heißt, du sollst nicht töten, dann gibt es keine Ausflüchte. Gott hat den Raheliten dieses Gesetz auferlegt, aber er fordert von seinem Volk den Tod der Ungläubigen. Was ist das für ein Gott, der seine eigenen Gesetze bricht und was ist das für ein Volk, dass diesem Gotte folgt?

Hört sie an, die Priester Levis, wenn sie die Gesetze ihres Gottes vor dem Volk predigen, um dann die Krieger in die Schlacht zu hetzen, das Blut der Unschuldigen zu vergießen.

Da lodern auch in mir noch die Triebe der Rache und der Vergeltung! Es zittert meine Schwerthand, da sie abstechen will die Niederträchtigen, die Dummen und die Schwachen.

Sind nicht wir die Starken, die Mutigen und Geistesgroßen? Wir könnten hinausziehen in die Welt und alle Brüder im Geiste zu einer Heerschar der Starken versammeln. Mit Feuer und Schwert könnten wir uns in die Schlacht gegen die Raheliten werfen, unbeugsam im Geiste, unbesiegbar im Schwerte.

Nur, was würden wir gewinnen, außer noch mehr Hass und noch mehr Schmerz. Und jeder Sieg schmeckt schal im Nachgeschmack, wenn mit dem Feinde auch die eigenen Ideale sterben müssen.

Besser wollen wir sein, doch hätten auch wir nur Leid und Elend in die Welt gebracht.
Im Recht fühlen wir uns gegenüber den Raheliten, doch Mord macht uns wieder gleich.
Keine Sicht der Dinge, weder Gut noch Böse, hat das Recht sich über die Heiligkeit des Lebens zu stellen.

Die Verlockungen sind immer da; sei es Stärke auszunützen, Fremdes zu zerstören oder aus Überheblichkeit die eigene Wahrheit als allumfassende Wahrheit darzustellen.
Leise, ganz leise, schleichen die Triebe um unser Bewusstsein.
Passen wir aber einen Moment nicht auf, so verschlingen sie in wilder Gier unsere Menschlichkeit!

Ja, wir sind die Starken! Doch wir brauchen unsere Stärke nicht, die Schwachen niederzuringen. Wir brauchen die Stärke, uns selbst niederzuringen; unsere Triebe niederzuringen um einer höheren Menschlichkeit die freie Entfaltung zu ermöglichen.

Hört auf das Wort der Wahrhaftigkeit in euch, sonst erstickt er, der Keim des Übergeistes am üblen Geruch der Triebe.
Denn ein wahrhaft übler Geruch entströmt ihm, dem Trieb der Mordeslust.

Der Mensch, so sage ich euch, weiß aus seiner Natur heraus, was gut ist und was böse ist. Dies ist die Stimme der Wahrhaftigkeit in ihm.
Der Starke nun, wird diese Stimme vor sich hertragen, denn sie weist ihm den Weg zum Übergeist.

Der Schwache aber, wird sie nicht hören, die Stimme der Wahrhaftigkeit, da lauter schreien die Triebe in ihm. Sie heulen ihm das Lied der Lust und Gier, verlockend gar ist diese Melodie.

Doch erschlagt ihr mir die Schwachen, aus eurer Überheblichkeit heraus, so ist auch euer Geist dem Sirenengesang der Triebe unterlegen. Der leuchtende Pfad zum Übergeist muss dann enden im stinkenden Sumpf eurer Abscheulichkeit.

Leider will es das Schicksal manchmal, dass auch wir zum Schwerte greifen. Der Wahrhaftige nimmt das Schwert aber nur in äußerster Not zur Hand und sucht nicht selbst den Streit. Wir fliehen vor dem Krieg, gibt es aber keinen Ausweg kämpfen wir mit dem Stolz des freien Geistes. Denn wenn wir auch wahrhaftig leben und wahrhaftig sterben, so sind wir letztendlich doch nur wahrhaftig tot.

Darum wollen wir uns auch weiterhin im Kampfe üben. Diese Übung ist eine gute Schule für den Geist, denn im Kampfe muss der Geist sich selbst überwinden um auch den Feind überwinden zu können.

Der Geist muss jederzeit offen sein, jederzeit bereit für eine neue Bedrohung.
Für die eine Entscheidung dann, muss er lange Zeit geschult werden, um im richtigen Moment die richtige Antwort auf die Aktionen des Gegners parat zu haben.

Menschsein heißt für uns, der eigenen Existenz bewusst zu sein. Menschsein heißt aber nicht nur des Geistes bewusst zu sein, sondern auch des Körpers bewusst zu sein. Darum muss, wer seinen Geist schulen will, auch seinen Körper in Übungen unterweisen.

Erst im Zustand höchster Anstrengung, wenn das Blute heiß pulsiert und jeder Muskel schmerzt, werdet ihr das wahre körperliche Menschsein erfahren. Die Lunge schreit nach Luft, die Beine brennen und ihr wisst es aus euch selbst: dies ist Leben, dies ist Menschsein!

Der Geist aber ist Herrscher über den Körper. Doch wie ein König nur stark sein kann, wenn sein Volk stark ist, so kann auch der Geist nur stark sein, wenn der Körper stark ist.

Verwechselt aber nicht Verstand mit Geistesgröße. Ein Geist mit Verstand kann auch in einem schwachen Körper wohnen. Aber Verstand alleine macht noch keine Geistesstärke. Der starke Geist muss geschult werden durch das Überwinden, durch das Überwinden der Grenzen aus Schwäche und Triebhaftigkeit.

Wenn der Körper angelangt ist an seiner Leistungsgrenze, dann muss der Geist den Körper überwinden und nochmals überwinden, diese Grenzen zu durchbrechen um nie gekannte Stärke zu erlangen. So wächst der Geist im sich Überwinden, bis er letztendlich auch sich selbst überwinden muss um dann als Übergeist neu erstrahlen zu können.

Wie der Geist den langen Weg zum Übergeist zurücklegen muss, so muss auch der Körper Schritt halten in dieser Entwicklung. Nur durch stetige Verbesserung kann Körper mit Geist und Geist mit Körper diesen Pfad erfolgreich beschreiten.

Die beste Schule nun für Körper und Geist ist die Übung zum Kampfe. Denn in der Kampfeskunst wird jede Faser des Körpers geschult, aber auch jede Faser des Geistes.

Der körperlich Starke wird den ungeübten Schwachen immer niederringen, auch wenn dieser stark an Verstandeskraft ist. Wenn aber der Geist sich in der Beherrschung des Körpers übt, bis er alle seine Möglichkeiten kennt und anwenden kann, wird auch der Stärkste unterlegen sein.

Dazu muss der Kämpfer jeden Hieb und jeden Schlag hundertmal üben, bis er angefangen hat, die Grundlagen des Kampfes zu verstehen.

Und hundertmal hundertmal muss er jeden Hieb und jeden Schlag wiederholen, um Herr über die grundlegenden Kampfesübungen zu werden.

Zur wahren Meisterschaft benötigt der Kämpfer aber tausendmal tausend Hiebe und Schläge, denn erst nach dieser langen Übungszeit wird er in jeder Situation Herr der Lage sein.

Nur die Wiederholung alleine führt aber nicht zur Meisterschaft; es stärkt rein die Muskelkraft.

Der Weg zur Meisterschaft führt über den Geist. Nicht nur der Körper muss seine Hiebe und Schläge üben, nein, auch der Geist muss jede Bewegung vordenken und mit-ausführen. Und nach-denken muss der Geist jede Bewegung über Fehler und Verbesserungen.

So wird mit dem Körper auch der Geist geschult, bis beide eine unbezwingbare Einheit bilden. Der Geist hat dann gelernt, den Körper bis ins kleinste Glied zu fühlen und zu verstehen und der Körper wird, gelenkt durch den Geist, die Kampfesübungen in Perfektion und Harmonie ausführen.

Am Ende aber steht die Leere, denn wenn die absolute Einheit von Körper und Geist erreicht ist, wird der Geist dem Körper nichts mehr befehlen müssen. Beide sind eins und aus der Leere werden Körper und Geist zu jeder Bedrohung die richtige Entscheidung treffen können, ohne nachdenken zu müssen.

Der Weg der Kampfeskunst ähnelt in Vielem dem Weg zum Übergeist, ja einige Abschnitte können gemeinsam beschritten werden.

Und auch beider Ende ist vergleichbar; denn wie der Geist des Kämpfers zur wahren Meisterschaft zuvor leer werden muss, so muss auch der Geist des Suchenden erst wieder leer werden, bevor er im Übergeist neu geboren werden kann.

Das letzte Stück des Weges aber muss der Geist alleine, ohne den Körper, zurücklegen; denn der Übergeist wohnt jenseits aller Körperlichkeit und jenseits aller Kämpfe.

Und auch wenn es nie zum Kampfe kommt, da ihr der Wahrhaftigkeit des Friedens treu bleiben konntet, so war die Kriegerschule doch nicht vergebens, da in ihr der Geist sich in Standhaftigkeit und im sich Überwinden üben konnte. Die Übung darin entwickelt den Geist; dies reicht dem Meister, er sucht nicht den Kampf!

Seid froh, kämpfen zu können aber nicht kämpfen zu müssen! Und sucht mir keine Ausreden um in den Krieg zu ziehen.

Denn dies ist mir der größte Greuel von allen: die Scheinheiligkeit! Die Scheinheiligkeit, auf der einen Seite das Leben zu verehren aber auf der anderen Seite es für nichtigen Zwist zu zerstören.

Und nicht nur diese Scheinheiligkeit, sondern jedes Fehlverhalten an eigenen Moralvorstellungen ist mir ein Greuel.

Jedermann, der ein heiliges Gesetz anerkennt und prahlt mit seiner Heiligkeit, ist diesem Gesetz auch bei seiner Ehre verpflichtet. Gott hat es den Raheliten zu leicht gemacht, mit seinem Wort der Erlösung.

Freund tötet Freund, da das Land des einen fruchtbarer als das des anderen ist; doch der Freundesmörder sucht Vergebung bei Gott, der ihn mit einem Wort von seiner Sünde erlösen kann.

Bruder tötet Bruder, da der eine ein Auge auf das Weib des anderen geworfen hat; doch der Brudermörder hofft auf das Gotteswort der Erlösung und auf das ewige Leben, obwohl er selbst das Leben seines Bruders genommen hat.

Und Sohn tötet Vater, da er den Reichtum seines Erbes nicht länger erwarten kann; doch auch der Vatermörder glaubt an die Erlösung durch den einen Herrn.

Dieser Gott müsste sich angewidert von seinem Volke abwenden, da sein Wort für jede Schandtat missbraucht wird. Aber Gott braucht für seine Existenz ein Volk, das an ihn glaubt und die Menschen ohne Glauben an das eigene Bewusstsein brauchen einen Gott für ihre Ängste.

Dieser Kreislauf wird sich weiterdrehen, bis wir den Weg zum Übergeist gefunden haben.
Wenn wir allen Menschen dann die Wahrhaftigkeit lehren können, wird es heißen teilen statt erobern, wird es heißen miteinander anstatt gegeneinander. Und in der Erkenntnis der neuen Möglichkeiten wird der Mensch keine Götter mehr brauchen und endlich frei sein, wahrhaftig frei sein.

Im Sinne unseres Weges können wir uns nicht aufschwingen zu den Richtern der Raheliten; sie werden gelenkt mehr von ihren Ängsten und Trieben denn von ihrem Bewusstsein.
Wir können schließlich auch nicht richten über den Löwen, der die fremden Jungen tötet; er kennt es nicht anders und handelt entsprechend seiner Natur.

Urteilt also nicht nach dem ersten Anschein! Unsere Sicht der Dinge ist nur eine von vielen, so kann eine schändliche Tat in edlem Sinn begründet sein, aber auch eine gute Tat viel böse Absicht in sich tragen.

Ist ein Dieb nur schlecht, wenn er kein anderes Mittel sieht, seine Kinder zu ernähren? Sind wir nur gut, wenn wir den Dieb zum Wohle der Gesellschaft verurteilen oder treibt uns mehr die Angst vor dem Verlust unseres Eigentums?

Ist ein Andersgläubiger verdammenswert? Vielleicht ist sein Glaube umfassender und tiefer als meiner und deshalb soll ich ihn erschlagen?

Mir ekelt vor dem Mann, der sich zum Manne legt. Und der Gott der Raheliten fordert sogar seinen Tod. Doch vielleicht ist seine Liebe ehrlicher und treuer als meine Liebe zu einem Weibe. Gegen wen wollt ihr nun die Hand erheben?

In der Moralwelt des Menschen gibt es viele Schattierungen, auf das richtige Maß der Betrachtung kommt es an.

Wir arbeiten an dem Maß zur Ergründung der greifbaren Welt und wir suchen nach dem richtigen Maß zur Ergründung des Geistes.
Nun wollen wir auch suchen nach dem richtigen Maß für Umgang der Menschen untereinander.

Wenn Toleranz auf unseren Fahnen steht, ist der Sieg des Friedens nicht mehr weit. Und wenn dem Menschen tolerantes Denken möglich ist, erwarten wir es auch von allen möglichen Göttern.

Wie waren die Worte meines Vaters: Dies ist der Fehler deines herrschsüchtigen Gottes, Rahel!
Und mein Vater hatte Recht, denn Rahels Gott kennt kein Maß des Abwiegens der Dinge. Dieser Gott kennt nur Herrschaft über den Menschen und bedingungslosen Glauben.

In vielem hatte Rahel Recht, denn er kannte wohl die Natur und die Schwächen des Menschen.

Rahel hatte Recht, dass der Glaube den Menschen Kraft verleihen konnte. Denn der Glaube nahm den Menschen die Angst vor dem Ungewissen.

Rahel hatte Recht, dass der Glaube den Menschen Trost verschaffen konnte. Denn der Glaube versprach den Menschen die Erlösung.

Rahel hatte auch Recht, dass der Glaube das Volk einen konnte. Denn in der Ausübung des Glaubens fand das Volk zusammen.

Aber Rahel hatte nicht Recht, die Menschen mit dem zweiten Gesetz Gottes zu knechten und zu versklaven. Die einzigartige Natur des Menschen ist sein Bewusstsein. Und Bewusstsein heißt, sich selbst bewusst zu sein und heißt, sich auseinandersetzen mit der Umwelt und dem eigenen Geist.

Ein Geschenk der Natur ist dieses Bewusstsein und eine lebenslange Herausforderung zur Suche nach Wahrhaftigkeit.

Wenn der Geist nun einen Gott über sich stellen will, so ist dies sein gutes Recht; ob es auch gut ist muss er für sich selbst entscheiden.

Aber ist es das Recht der Götter über den Menschen zu richten? Nein, sage ich euch! Denn das Göttliche, so es existiert, und das Menschliche bestehen auf verschiedenen Ebenen. Und begibt sich Gott auf das Niveau des Menschen, um ihn zu richten, so ist er nicht mehr Gott.

Mein Vater sprach vom Paradoxon des Göttlichen, ihr kennt seine Worte. Es widerspricht der Natur, dass ein einzelnes Wesen allmächtig ist.

Der wahre Gott wäre wesenlos und alles durchdringend, nur so kann er immer und überall sein.

Dann sind wir aber alle Teil davon und brauchen nicht daran glauben. Ein Gott der den Glauben aber erzwingt, macht sich damit zu einem Wesen, und einem Wesen steht durch die Natur a priori eine Allmacht nicht zu.

Das Göttliche widerspricht sich selbst durch den Zwang. Nimmst du dem Glauben aber seinen Zwang, so gibst du dem Menschen wieder seinen freien Willen. Und der freie Wille entscheidet selbst über Glauben oder Nichtglauben, Zweifel oder Bestimmung.

Und so sei unser viertes Leitbild: Der Glaube steht jedem Menschen frei nach seinem Geiste; aber wie der Mensch nicht herrschen und nicht richten soll über die Natur, so soll auch kein Gott herrschen und richten über den Menschen und seinen Glauben!

Die Natur des menschlichen Geistes ist so mannigfaltig wie das äußere Erscheinungsbild des Menschen. Und so mannigfaltig der Geist, so mannigfaltig sind auch seine Bedürfnisse.
Nur wenige sind stark genug in sich; ohne den Glauben. Diese Starken zerbrechen nicht an dem Unbekannten, die Suche ist ihre Herausforderung.

Verurteilt aber nicht die Gläubigen, da sie uns mit ihren Göttern verfolgen. Denn auch sie sind Suchende; nur sind sie alleine zu schwach den Weg des eigenen Geistes zu beschreiten. Helft ihnen, wieder zu ihrem freien Geist und zu ihrem freien Willen zu finden.

Seid ihnen Sternenlicht auf ihrem Wege durch die Dunkelheit, denn unser Stern heißt Übergeist. Und auch den Ahnungslosen soll er leuchten, unser Übergeist. Denn viele Sterne gilt es noch, zum Leuchten zu bringen.

Das Licht unserer Lehre wird wieder Wärme bringen in die Herzen der Menschen. Und erhellen wird es den Geist der Menschen, da er doch so lange in Dunkelheit verbringen musste.

Ein Umsturz im Glauben wird durch die Menschheit gehen; doch ohne Zwang, denn unser Licht kommt aus dem eigenen, dem freien Geist.

Das zweite Gesetz Rahels verkündete Gottes Strafe für die Wankenden im Glauben und die Gotteszweifler. Doch liegt nicht im Zweifel der wahre Glaube? Denn Zweifel heißt nicht Verleugnen, sondern heißt Auseinandersetzen mit dem Seienden und dem Möglichen.

Auch der Zweifler kann glauben, er glaubt aber nicht bedingungslos. Der Zweifler denkt bewusst über die Möglichkeiten nach, denn er hat von der Natur das große Geschenk des Bewusstseins erhalten. Schwerer hat es der Zweifler in seinem Glauben, denn noch ist sein Geist voller Fragen.

Der Blindgläubige gibt sich hin der Seligkeit vorgefertigter Antworten. Doch diese Antworten sind dem Glaubenszweifler nicht genug. Er taucht hinein in seinen Geist, wo ein Teil des Göttlichen steckt und vielleicht taucht er irgendwann auch wieder hinauf, hinauf zu dem Stern der Übergeist heißt.

Und wieder nehme ich die Worte meines Vaters über das Paradoxon des Göttlichen: Wenn nicht die Natur aus Zufall uns das Bewusstsein gegeben hat, sondern unser Geist ein Geschenk Gottes ist; wieso verbietet uns Gott dann die freie Verwendung dieses Geistes.

Wenn Gott Anstoß nimmt an dem freien Willen zur freien Glaubensentscheidung, dann hat der Unfehlbare in seiner Schöpfung einen Fehler gemacht.

Gott hat sich damit selber des Göttlichen beraubt.

Aber dies sind nur Wortspiele für das Unfassbare. Das Göttliche liegt im Sinne des einzelnen Betrachters, also des Gläubigen.

Für die Priester Levis bedeutet Gott Allmächtigkeit und Erlösung. Denn allmächtig wollen sie selber sein und erlöst wollen sie werden durch ihre Allmacht von ihrer Schwäche vor dem Unbekannten.

Für mich, wie schon für meinen Vater ist das Göttliche allumfassend und allesdurchdringend. Nein, schreit nicht auf: Jetzt hat auch Dharma seinen Geist verraten an einen neuen Gott. Jetzt will auch Dharma uns knechten durch einen neuen Glauben.

Denn wieder sind es nur Worte.

Sehet die Sonne und ihrer Strahlen Licht. Fühlt ihre Wärme auf eurem Körper, öffnet alle eure Poren und lasst sie hinein in euch, die Sonne. Atmet ihre sanften Strahlen und öffnet auch euren Geist. Fühlt ihr es? Nun seid ihr eins mit der Sonne und ist es nicht ein erhebendes Gefühl? Ja, es ist ein wahrhaft „göttliches" Gefühl!

Aber dafür brauchen wir keinen Glauben, wir brauchen keine Gebete für dieses Gefühl. Die Sonne ist da, ob wir an sie glauben oder nicht und sie schenkt uns auch ihre Strahlen, ob wir zu ihr beten oder nicht.

Seht diese Blume und ihre geöffnete Blüte. Ich kann ihren Duft in mich aufnehmen und meinen Geist darin versenken, bis es nichts anderes mehr gibt als nur diesen Duft. Mein ganzer Geist ist nur mehr ein Geruch und ich bin eins mit der Blume.

Doch braucht die Blume meinen Glauben zum Blühen?

Seht den nahen Bach und seinen steten Wasserfluss. Mein Ohr versinkt in der Sprache seines Rauschens und ich tauche ein in die klaren Fluten, bis es nichts mehr gibt als nur das Wasser um mich herum. Aufgehoben fühle ich mich im Mutterleibe der Natur und eins bin ich mit der großen Urmutter.

Doch wird der Bach aufhören zu fließen, wenn ich ihn nicht anbete?

Eins können wir werden mit der ganzen Natur, wenn wir unseren Geist nur tief genug darin versenken. Und eins können wir vielleicht werden mit allem Sein, wenn unser Geist nur stark genug ist.

Diese Stärke braucht unser Geist nicht zum Festhalten, sondern zum Loslassen, zum Loslösen von allen Zwängen. Denn hinter den Zwängen leuchtet uns das Göttliche, der Stern des Übergeistes.

Das Göttliche ist nur eine Gefühlsregung der Seele, des tiefsten Inneren im menschlichen Geist. Das Göttliche ist die Empfindung, wenn unsere Seele mitschwingt mit dem ganzen Universum, über Raum und Zeit hinaus, wo das große Weltenlachen auf uns wartet.
Und dieses Lachen ist die Freude über die neue Freiheit des Geistes, über die neuen Möglichkeiten als Teil des ewigen Seins.

Aber bevor das Lachen kommt, da muss die Stille sein. Denn still und leer muss werden der Geist, will er seine Grenzen überwinden. Zuviel lärmendes Getöse hallt noch nach in unserem Geist und verhindert seine Entwicklung.

Es ist der Lärm der Kriegstreiber und Volksverhetzer und der Lärm der Gierigen und Übermäßigen. Unnützer Ballast ist er, dieser Lärm, auf unserem beschwerlichen Weg.

Ein Reisender kommt schneller voran, reist er mit leichtem Gepäck. So wollen auch wir Geistesreisende unsere Gedanken leer machen, um unbeschwerter zu beschreiten den Weg zum Übergeist.

Die Leere hat eine gewaltige schöpferische Kraft, denn sie ist offen für alles und wartet nur, gefüllt zu werden.
Die Wüste liegt so leer und unfruchtbar, doch ein Regenschauer kann die Ödnis in eine blühende, lebensfrohe Oase verwandeln.
Aus einer kleinen Nuss kann ein mächtiger Baum entstehen, wie auch Tier und Mensch aus winzigen Samen erwachsen.

Und vielleicht entsprang auch das ganze Universum aus einem einzigen Samen, oder gar aus dem Nichts und wächst nun weiter seiner Bestimmung entgegen.
Einer Bestimmung aber, die nicht vorgegeben ist, sondern immer wieder neu aus sich selbst
geboren wird, so wie auch unser Geist neu geboren werden muss.

Der Verstand wird diese Bestimmung nicht erfahren können, erdrückt wird er von der undenkbaren Größe des Weltenalls.
Der Verstand kann an den messbaren und berechenbaren Dingen arbeiten, nicht aber an Sinn und Bestimmung, diese passen nicht in die Gesetze der Zahlen.

Nur ein leerer Geist kann die Unendlichkeit in sich aufnehmen, und auch selbst aufgenommen werden von der Unendlichkeit. Seit Anbeginn der Zeit, auch wenn wir nicht wissen wann und wie es geschah, ist alles Sein miteinander verwoben – ich fühle es genau!

Die Fülle des Universums kann nicht schon immer dagewesen sein. Doch auch von einem Schöpferwesen wurde es nicht erschaffen, dieses müsste ja selbst wieder irgendwoher kommen. Nein, aus der Leere gebar sich selbst das Sein. Dies sagt mir nicht der Verstand, mein Geist, der fühlt es so.

Wenn er leerer und leerer wird der Geist, dann höre ich einen ganz feinen Klang, den Klang der Ewigkeit. Es ist das Schöpfungslied der ersten Stunde, das noch nachklingt in allen Dingen, da seit dieser Stunde alles miteinander verbunden ist.

Doch noch ist mein Geist nicht ganz entleert, weit ist noch das große Nichts jenseits der Grenze zum Übergeist. Erst dort, in diesem und durch dieses Nichts, werden wir sie dann erkennen im hellen Licht unseres neuen Geistes: die Grundsubstanz allen Seins.

Unser drittes Leitbild ist die Arbeit an unserem Geiste, zur Nutzung der Möglichkeiten unseres Bewusstseins.
So wie wir durch den langen Weg der Übung die Einheit von Körper und Geist erreichen wollen, so müssen wir auch daran arbeiten, die Einheit von Geist und Leere zu erreichen.

Diesen letzten Pfad zum Übergeist müssen wir genau ergründen, denn er führt zum tiefsten Inneren des Geistes und von dort zur Einheit mit allem Sein.
Viele Geheimnisse hat das letzte Stück des Weges, hört dabei auf euren Atem. Er weiß viel zu erzählen, denn er ist die Kraft des Lebens und noch mehr.

Aus der äußeren und inneren Ruhe heraus müssen wir dieses letzte Stück ergründen. Leert euren Geist soweit es möglich ist und atmet langsam ein. Füllt aber nicht nur eure Lungen mit Luft, sondern versucht auch die feinen Schwingungen des Universums zu fühlen und zu hören und dann in euch aufzunehmen.

Dies ist der erste Schritt über den letzten Abgrund und es wird ein langer Schritt werden bis ihr nicht nur Luft, sondern auch Seinsenergie atmen könnt. Im Einatmen müsst ihr lernen die Schwingungen tief in euch, in der Mitte des Körpers, aufzunehmen.

Aber erst mit dem Ausatmen werdet ihr das wahre Gefühl für diese Energie erfahren. Denn wenn der Atem wieder den Körper langsam, ganz langsam verlässt, könnt ihr die Seinsenergie in euch zirkulieren lassen und so langsam wie der Atem entweicht, so langsam können auch die Schwingungen mit eurem Geist durch jede Zelle geleitet werden.

So werdet ihr vollkommen durchdrungen von der göttlichen Energie und ihr fühlt die Nähe des Übergeistes.

Hört nicht auf das Geschrei der Triebe und anderer Ablenkungen, sonst bleibt der Geist hängen am Felsen der Verzweiflung heißt.

Hört einzig auf euren Atem und auf das ewige Lied der Lieder, das Lied der unendlichen und unvergänglichen Energie des Seins. Und es ist ein fröhliches Lied, denn eure Seele wird lachen in dem neuen Gefühl der Freiheit.

Ihr dürft aber nicht dem Überschwang verfallen, in Demut nähert man sich dem Übergeist. Der Weg ist noch nicht zu Ende, denn kurz davor gibt es keine Wegweiser mehr.

Wir müssen unsere Geistesübungen immer weiter wiederholen bis wir uns mehr und mehr in der Seinsmelodie versenken können.

Und irgendwann, wenn unser Geist so leer und bescheiden geworden ist, dass wir an das Ende des Weges schon gar nicht mehr denken, wird unsere Seele plötzlich neu erstrahlen aus dem Nichts.

Denn am Ende werden wir nicht mehr Zuhörer sein des Energieliedes, mitspielen werden wir die große Sinfonie, die ewige Sinfonie des Seins.

An diesem großen, ja dem größten Tag der Menschheit werden wir das Tor aufstoßen zu einer neuen Ära des Menschseins. Und nicht nur des Menschseins, denn überwunden werden wir haben unsere menschlichen Grenzen.

So wie die Schöpfung sich selbst erschaffen hat, so werden auch wir aus uns selbst etwas Neues erschaffen haben und Leben und Geist werden neu definiert werden müssen.

Stimmen wir also an unser Lied der Suche; möge es uns Kraft
geben für den Weg, der noch vor uns liegt:

Ein Stamme war geboren
Der im Dunklen lebt, doch sucht das Licht
Zum Übergeiste nun erkoren
Weil aus uns die Wahrheit spricht.

Beseelte Menschen auf der Suche
Unser Geist ist nun bereit
Verjagt vom alten Fluche
Suchen wir die Ewigkeit.

Das Universum ist Eins mit Allem
Diese Einheit gilt's erkunden
Und wenn die Geistesgrenzen dann zerfallen
Ist's als hätt' ich Gott gefunden.

Denn Gott ist nur das Wort
Für Ewigkeit im Sein
Zum Übergeiste zieht's mich fort
Endlich nun, bin ich daheim.

--